LA QUESTION DES DÉTROITS

SES ORIGINES, SON ÉVOLUTION,

SA SOLUTION A LA CONFÉRENCE DE LAUSANNE

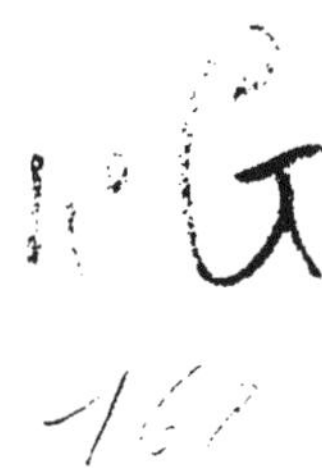

A

GHAZI MOUSTAPHA KÉMAL PACHA

FONDATEUR DE LA NOUVELLE TURQUIE

A

GHAZI MOUSTAPHA KÉMAL PACHA

FONDATEUR DE LA NOUVELLE TURQUIE

Extrait d'une lettre adressée à l'auteur par M. René PINON, Professeur à l'Ecole des Sciences Politiques.

CHER MONSIEUR,

...Pour votre pays, dont les Français suivent avec intérêt et sympathie la renaissance nationale, il n'est pas de problème plus essentiel que celui des Détroits. Impossible de les supprimer. Impossible également d'empêcher les riverains de la Mer Noire de désirer et de chercher une issue sur la mer libre. Impossible encore d'empêcher les peuples navigateurs et commerçants d'entrer dans la Mer Noire pour y porter leurs marchandises et en rapporter les blés, les pétroles, les minerais que déjà les Grecs, au temps d'Homère, allaient y chercher ; dès lors, il s'agit de réglementer le libre passage des détroits afin qu'il soit compatible avec l'indépendance de la Turquie. Le traité de Lausanne a cherché à résoudre cet éternel problème. Comme tous les traités, il est une transaction. Celui-là, après tant d'autres aujourd'hui périmés, résistera-t-il à l'épreuve du temps et des événements? Il est impossible de le dire. Il a été fait, en tout cas, dans un esprit d'équité, de conciliation, de pacification.

Les peuples occidentaux se rendent compte du poids que représente, pour un état qui tient à son indépendance, une hypothèque telle que celle qui pèse sur la Turquie du fait de l'existence des détroits et du libre passage des navires par le Bosphore et les Dardanelles. C'est, si je ne me trompe, à cause des Détroits que « le fondateur de la nouvelle Turquie » a résolu de transporter la capitale de l'Etat ottoman bien loin sur les hauts plateaux d'Anatolie là où ne montent pas les cuirassés, à Angora, abandonnant la vieille capitale historique des Empereurs byzantins et des Sultans ottomans. Mais l'attraction de la mer et la puissance des traditions ne seront-elles pas, un jour, les plus fortes?

Quoi qu'il en soit, même après le traité de Lausanne, la question des Détroits reste ouverte et vous avez raison d'apprendre à vos compatriotes l'importance qu'elle a pour eux et aussi pour les autres puissances.

René PINON,

Professeur à l'Ecole des Sciences politiques.

30 juin 1928.

ALI FUAD
DOCTEUR EN DROIT
DIPLOMÉ DE L'ÉCOLE DES SCIENCES POLITIQUES

La Question des Détroits

SES ORIGINES, SON ÉVOLUTION
SA SOLUTION A LA CONFÉRENCE DE LAUSANNE

ÉDITIONS ET PUBLICATIONS
CONTEMPORAINES - PIERRE BOSSUET
47. RUE DE LA GAITÉ _ PARIS _ 14e

1928

LA QUESTION DES DÉTROITS

Ses Origines, son Évolution, sa Solution à la Conférence de Lausanne

---

INTRODUCTION

I

La Question des Détroits est un des Aspects de la Question générale d'Orient, et en constitue l'essentiel

La question d'Orient, cette vieille querelle entre l'Europe et l'Asie, présente historiquement des aspects correspondant chacun à une phase d'évolution politique et sociale de ces deux mondes.

Elle se présente d'abord sous une forme essentiellement religieuse, de sorte que toute autre considération reste accessoire à ce but divin. Ainsi au moyen-âge, l'Occident combat les infidèles sous la direction de la Ville-Eternelle et au nom de la foi chrétienne.

L'apparition des Turcs sur le sol de l'Europe, leur installation aux bords des Dardanelles, enfin l'écroulement de l'Empire de Byzance, exposent l'Occident à un danger imminent. En effet, continuant leur conquête, les Turcs portent l'étendard, de l'Islam, après Belgrade, sous les murs de Vienne.

Dès lors, la situation est changée, le rôle des partis se trouve renversé. De l'offensive, l'Europe passe à la défensive, et, pour arrêter le flot turc, fait appel à une nouvelle union sainte.

Sur la lutte primitive de la foi se trouve ainsi greffée une lutte d'existence et de vie. L'Europe cherche tous les moyens de repousser les envahisseurs et y réussit ; la deuxième expédition turque sur Vienne échoue.

Les Turcs arrêtés, le péril écarté, l'Europe reprend l'offensive et la série des luttes qu'elle engage revêt un aspect de revanche. On cherche à se venger sur le nouvel héritier de Constantinople jusqu'au moment où sa lassitude et son impuissance ne laissent plus aucun doute.

Jusque-là, le duel engagé entre le monde chrétien et le monde musulman garde toujours, malgré certaines apparences, un caractère essentiellement religieux, avec cette différence toutefois qu'au lieu de se battre en Asie comme auparavant, on se bat en Europe. L'objectif est toujours le même : briser la résistance des Turcs, soldats volontaires de la Mecque, ou arrêter leur marche vers l'Europe centrale. Cet idéal est le principe même de l'unité de but et d'action de l'Europe dans sa lutte contre le croissant.

L'arrêt de l'offensive turque et l'apparition des premiers symptômes de son impuissance coïncide avec d'importants événements qui s'accomplissaient en Europe vers la fin du XVIIe siècle et qui allaient complètement changer le caractère mystique du combat oriental.

C'est l'époque où le sentiment de nationalité, de liberté du culte, prend le pas sur le cosmopolitisme et le fanatisme. La Réforme venait d'introduire une scission dans l'unité chrétienne. Les richesses du nouveau monde, qui s'écoulaient à travers l'Europe par le canal hispano-portugais, annonçaient l'éclosion d'une nouvelle ère dans le vieux continent. Dans la politique des Etats, les considérations économiques, avec une diplomatie de domination orientée vers ce but, commençaient à tenir le premier plan.

A toutes ces transformations politiques, sociales et économiques venait s'ajouter un événement d'une grande importance ; c'était l'apparition d'une nouvelle puissance, jusque-là presqu'ignorée, et qui désormais, jouera un rôle de premier ordre dans la question d'Orient : c'est la Russie moderne.

Tous ces facteurs d'ordre moral et matériel, devaient déterminer un changement radical dans l'attitude des puissances vis-à-vis de l'Orient. La question d'Orient devait revêtir un nouvel aspect correspondant au nouvel état de choses.

Désormais, le but d'action des nations, au lieu de se confondre comme jadis, va se spécialiser de la manière la plus convenable à leurs propres intérêts. Devant le recul de l'Empire ottoman, il ne s'agira plus que d'avoir la meilleure part de l'héritage précieux. On ne pensera plus au triomphe d'une foi diffuse et commune, mais à ce principe d'équilibre qui constitue le nœud vital de l'existence politique des Nations.

C'est ainsi que la vieille question d'Orient change de caractère ; au duel religieux se substitue un litige politique, d'un intérêt particulier et dans lequel se trouvent engagées toutes les grandes puissances.

Mais, et c'est l'essentiel pour nous, ce changement de caractère a entraîné un déplacement du centre de gravité de la question. Il se trouvait jadis tout naturellement autour de Jérusalem. Le support de l'idéal chrétien c'était le Saint-Sépulcre. Les yeux de l'Europe moderne vont, désormais, se tourner vers un tout autre lieu lequel, par sa position naturelle et par son importance économique, politique, tient les clefs du problème oriental. C'est Constantinople avec ses détroits.

C'est sur ce point du globe que se sont concentrés tous les débats diplomatiques et juridiques que l'on désigne, dans leur ensemble, par « Question des Détroits ».

II

Définition

Cette rubrique signifie en réalité deux ordres d'idées ayant entre elles un lien étroit de causalité.

Elle désigne d'abord cet ensemble de mouvements et de négociations diplomatiques qui se sont déroulés autour de ce point d'interrogation : qui aura Constantinople ?

Ensuite, et ce point supposé résolu à un moment donné, elle signifie le statut juridique à établir pour la circulation internationale à travers les détroits des Dardanelles et du Bosphore.

Mais ce dernier problème est tellement attaché au premier, qu'il restera incompréhensible si on veut l'examiner à part. C'est que le régime juridique des Détroits ne fut à chaque époque que le reflet et la conséquence nécessaire de la solution du problème politique, apportée par les circonstances d'un certain moment.

Par conséquent, nous étudierons les deux problèmes parallèlement, en examinant à travers les phases d'évolution politique, les changements survenus dans la conception juridique de ces passages.

Cependant, ce parallélisme n'a pas existé de tout temps, il est précédé dans l'histoire par une série d'événements qui constituent, dans leur ensemble, l'origine du problème.

L'étude des origines fera l'objet de la première partie de notre travail. Elle nous indiquera, non seulement le sens de l'évolution de la question, mais aussi les raisons intimes de ses différentes solutions.

La seconde et la troisième parties seront respectivement consacrées à l'évolution et à la règlementation actuelle du problème.

PREMIÈRE PARTIE

LES ORIGINES DE LA QUESTION DES DETROITS

Les détroits, dans leur aspect le plus simple, ne sont en somme qu'un prolongement de la Méditerranée à la mer Noire, exactement comme celui de la mer du Nord à la Baltique, à travers les passages du Sund et du Belt. La situation naturelle et même politique paraissant analogue, pourquoi celui-ci a-t-il trouvé de bonne heure son statut définitif et non pas celui-là ; quelle en est la raison ?

« Parce que, dit un auteur Suédois, la Suède jouissant du calme et du bonheur..... n'aspire plus qu'à la liberté et au bien-être, tandis que la porte ottomane est toujours restée le foyer des résistances opiniâtres contre tout progrès et l'oppresseur des populations européennes..............................

....

Tandis que la Russie a désormais tous les motifs pour voir d'un œil satisfait le Sund resté entre les mains de ses gardiens actuels....., elle ne peut sans appréhension laisser au hasard l'état des choses actuel au Bosphore... » (1).

(1) *Deux Détroits. — Quelques réflexions sur la phase actuelle de la question d'Orient*, Stocklom, 1879, *cit.* par MISCHEF, chap. IX, page 644.

En somme, l'auteur invoque comme raison unique, la situation politique de l'Empire ottoman.

Il est bon, toutefois, pour la commodité des explications, d'en réduire les complexes à leur plus simple expression, à condition cependant qu'ils s'y prêtent. Si non, on tombe dans l'erreur en prenant la partie pour le tout. C'est ce que semble faire notre auteur.

Sans doute, et nous nous expliquerons sur ce point dans la suite, la situation défectueuse de l'Empire des sultans est l'un des facteurs du problème. Mais il y en a d'autres qui semblent irréductibles, et dont l'importance n'est pas moins grande.

Du reste, la comparaison des deux détroits, suédois et turc, nous paraît superficielle. Elle ne tient pas compte de la très grande importance de ces derniers, ni de la dualité de possesseur pour le Sund, comme pour Gibraltar.

En réalité, le problème du Bosphore et des Dardanelles est le produit de multiples facteurs d'ordre géographique, politique et économique dont l'un pris isolément ne suffit point à l'expliquer. Quoique ces éléments aient joué leur rôle d'une manière simultanée et convergente, pour la clarté de l'exposé, nous les envisagerons successivement.

CHAPITRE PREMIER

LES DÉTROITS ET LA POSITION DE CONSTANTINOPLE COMME CAPITALE DE L'EMPIRE OTTOMAN

I

La mer Noire est reliée à la Méditerranée par un couloir long de plus de deux cents kilomètres, divisé en trois sections, dont la première du côté de la mer Noire, courte et resserrée, porte le nom de Bosphore. Le passage s'élargit ensuite pour former la petite mer de Marmara. Enfin, la troisième section, étroite et sinueuse, mais plus longue que la première, débouche dans la Méditerranée ; c'est le détroit des Dardanelles.

C'est ce passage inter-maritime qui constitue la voie d'échange la plus naturelle entre l'Europe et l'Asie.

La mer Noire, avec ses fameux hâvres, est comme une immense rade des ports les plus riches de l'Europe orientale et du Proche Orient. Ces ports sont les débouchés d'opulentes régions qui déversent les blés de la plaine bulgare, les céréales et les pétroles de la Roumanie, les bois des forêts russes, les blés des terres noires et de l'Ukraine, le naphte de Bakou, le coton de

Turkestan, de la Mésopotamie, etc... Et, c'est vers l'Europe occidentale que, par le canal des Détroits, se dirige cette énorme exportation.

De l'Europe occidentale, en revanche, les peuples de la mer Noire reçoivent des produits industriels, tout ce qu'une civilisation plus avancée peut donner en échange de matières premières et de denrées pour la consommation.

*
**

A cette importance économique et commerciale s'en ajoute une autre.

Comme passage inter-continental, les Détroits forment le point de liaison entre l'Europe et l'Asie. De ces deux mondes, tandis que l'un est habité par de grandes puissances industrielles et militaires, solidement constituées dont les populations débordantes aspirent, pour déployer leur prodigieuse activité, à une extension hors des frontières nationales, l'autre, occupé par de vieux empires désorganisés, mal outillés, présente aux appétits du premier, d'immenses colonies.

C'est sur cette grande route continentale, reliant l'Occident économique et militaire au centre de l'Asie et continuant la voie méditerranéenne jusqu'au Causase, qu'est bâtie Constantinople.

Il n'est donc pas étonnant qu'il soit, depuis des siècles, le point de mire des compétitions intenationales. Posséder Constantinople, c'est commander l'Asie Mineure et contrôler par Suez et le Golfe persique le chemin des Indes et de l'Extrême-Orient.

II

Le prophète musulman prévoyait pour sa religion une voie de diffusion à travers l'Europe dont Constantinople formerait la principale étape. Aussi, les grands khalifs tentèrent-ils sa conquête qui ne fut pourtant réalisée qu'en 1453 par le sultan Mehmed le Conquérant.

L'emplacement de cette ville constituait le juste milieu de l'immense empire de terre et de mer dont les limites, sous le règne des successeurs de ce sultan, s'étendaient sur trois continents. Aussi, Constantinople, avec sa splendeur naturelle, avec sa renommée mondiale, convenait-elle à merveille à la grandeur et à la magnificence des « Grands Seigneurs » qui surveillaient leur vaste possession du haut « de la Pointe du Seraï ».

Mais, cette même position, comme tous les biens de ce monde, avait une autre face qui présentait de multiples inconvénients largement suffisants à amortir ses avantages.

En effet, l'histoire nous montre que c'est cette situation exceptionnelle de Constantinople qui « a attiré sur l'Empire ottoman une bonne partie des disgrâces dont la série résume pour lui l'histoire de la question d'Orient » (1).

Merveilleuse capitale, lorsque les Turcs étaient forts et capables de la défendre, Constantinople devenait de plus en plus un

(1) R. Pinon : *L'Europe et l'Empire Ottoman*, p. 63.

danger permanent dans l'existence politique de l'Empire ottoman à mesure que s'affaiblissaient sa vigueur et sa puissance. A tel point qu'à partir d'un certain moment, les sultans se trouvèrent constamment exposés à voir devant leurs fenêtres les bouches menaçantes des canons des flottes étrangères. Dès lors, toutes leurs déterminations manquaient de liberté, et leur souveraineté se trouvait, en quelque sorte, soumise à la force et à la volonté des puissances étrangères.

Tant que les Turcs sont restés les maîtres absolus de la mer Noire, ils l'ont été également de Constantinople. Ils ouvraient les Détroits au passage des navires de Commerce de telle ou telle puissance, suivant l'exigence de leurs propres intérêts. Ce procédé était du reste conforme aux principes de droit de cette époque. Mais, ils durent bientôt partager la riveraineté de la mer Noire avec la Russie, de ce fait, la situation se trouva modifiée.

La perte de la maîtrise absolue de la Porte sur la mer Noire souleva nécessairement une question de droit de passage à travers les Détroits pour la navigation étrangère. Le passage n'était plus une pure faveur comme autrefois, mais un droit ; c'est-à-dire, la conséquence évidente d'un changement de situation dans la mer Noire. Comprenant cette nécessité, les sultans reconnurent d'assez bonne heure, ce droit, quoiqu'avec une certaine résistance

Les choses n'en restèrent pas là : cette question de pur droit devait se compliquer d'une question de fait qui mettait en cause, comme nous l'avons indiqué, non seulement la souveraineté, mais même la sécurité de l'Etat ottoman. C'est que la résidence du gouvernement de cet Etat se trouvait sur ce même passage dont la liberté était réclamée.

La capitale, l'âme de l'empire, était ainsi exposée à des coups de force dont les conséquences ne pouvaient être que funestes.

Pour éviter toutes ces difficultés, il aurait donc fallu aux sultans, conserver leur force d'autrefois. Ce ne fut, malheureusement, pas le cas.

CHAPITRE II

LE DÉCLIN DE LA PUISSANCE OTTOMANE

I

Les Faits.

C'est sous Sélim Ier et Suleïman le Magnifique que l'Empire ottoman atteint son apogée de gloire. Sauf quelques possessions vénitiennes, Suleïman le Magnifique (1520-1566) régnait de Buda, sur le Danube, au Gange et au Golfe de Bengale ; des steppes de la Russie méridionale et du Turkestan jusqu'aux sables de l'Arabie et du Sahara. De la Crimée, dont les Khans étaient des vassaux de la Porte, aux côtes d'Alger, toute la mer Noire et la Méditerranée se trouvaient sous l'autorité des sultans.

C'était, en somme, un empire plus vaste que l'empire arabe et celui d'Alexandre, empire qui a exercé sur toute l'Europe centrale une réelle suprématie.

Seule puissance à soutenir la cause de l'Islam contre la vengeance du monde chrétien, la magnificence ottomane ne se maintint pas plus longtemps. Dès les dernières années de Suleïman le Magnifique apparaissent les premiers germes de l'impuissance, qui annoncent déjà la fin prochaine de la grande époque turque. Le trône de l'empire devait désormais être occupé par des sultans, dont plusieurs sans énergie, sans mérite, compromirent la fortune du peuple turc.

Cependant le prestige des « Grands Seigneurs » n'était pas perdu, et jusque vers la fin du XVIIe siècle les Turcs restèrent assez forts pour garder leur position, mais trop faibles pour poursuivre leur conquête.

L'échec de la deuxième expédition de Vienne (1683) montra tout à coup, la fragilité de l'édifice ottoman et le vainqueur Sobieski, roi de Pologne, put dire « Le moment est venu de chasser les Turcs d'Europe » (1).

Sous Mehmed IV, le grand vézir Kara-Mustapha pacha, après avoir conquis la Hongrie, recevait l'ordre de marcher sur Vienne. A l'appel de l'empereur Léopold en détresse, les Autrichiens, les Russes, les Vénitiens, les Chevaliers de Malte, les Slaves de Pologne, et enfin le Pape partirent en croisade.

Après les sanglantes guerres de 1683 à 1687, le sultan vit le revers tragique de sa fortune, suivi immédiatement d'une révolution de l'armée qui finit par sa déposition.

La lutte continua cependant, et après des succès et des défaites, aboutit finalement à la conclusion d'un traité qui consa-

(1) Sobieski, contrairement à l'intérêt de son pays, cédait aux insistances du Pape. Innocent XI et allait au secours de l'Empereur Léopold pour sauver la chrétienté. « L'intérêt de la Pologne eût été de laisser écraser l'Autriche et de soutenir au contraire les Hongrois, alliés des Ottomans. L'histoire nous montre, du reste quelle reconnaissance l'Autriche témoigna à la Pologne, en participant aux partages de ce pays, l'intervention du pape avait été toute puissante aux yeux de la majorité, composée de fervents catholiques et Sobieski avait promis de secourir Vienne. Mesure tout à fait impolitique où la Pologne n'avait qu'à perdre ; les événements se chargèrent de le prouver, mais elle agissait presque toujours pour des motifs étrangers à ses propres intérêts matériels, pour un idéal intangible, pour la gloire. (THADÉE GASTOWTT, *La Pologne et l'Islam*, p. 45).

era le premier démembrement de l'Empire ottoman. C'est le traité de Carlowitz, signé le 26 janvier 1699.

Ce traité, qui pour la première fois proclama hautement la décadence ottomane, est capital dans l'histoire de cet empire (1).

C'est de cette époque que date le recul de la puissance ottomane, et c'est aussi à ce moment que commence l'existence européenne des Russes (2).

C'est à partir de ce traité que, profitant de l'apathie de la Porte et voyant l'Occident tout entier engagé dans la guerre de succession d'Espagne, la Russie va entamer avec la Turquie cette lutte qui devait durer des siècles et amener l'Empire ottoman sur le bord de l'abîme.

Cette humiliation, que le sort infligea à la Turquie, un siècle et demi après l'ère suleïmanienne, coupait en deux parties l'histoire du peuple turc. Tandis que l'une offrait à l'admiration du monde des magnificences et des gloires, l'autre ne devait donner, durant les siècles suivants, que le spectacle douloureux de la désorganisation politique, sociale, de l'anarchie dans l'administration, des révolutions incessantes dans l'armée.

Désormais, les grands Vézirs vont se succèder rapidement; le palais des sultans va devenir un foyer d'intrigues et de jalou-

(1) Hammer.
(2) C'était la première grande réunion de diplomates appelés à régler les différents de la Turquie avec l'Europe. Les plénipotentiaires autrichiens, vénitiens, anglais, hollandais, polonais, russes et turcs se réunirent en congrès. Le traité avec les Russes fut signé avant les autres « afin de ne pas souffrir plus longtemps de la présence répugnante de ses représentants ». « L'envoyé russe et ses gens assistaient pour la première fois à une réunion de personnages civilisés ; ils répandaient autour d'eux, une odeur de goudron et de graisse qui faisait fuir tout le monde, et leurs manières grossières s'affichèrent tout de suite ». Thadie Gaswtowitt, La *Pologne et l'Islam*, p. 49-50.

sie ; la politique du gouvernement, perdant toute stabilité, va osciller au gré du harem. Bref, il n'y a désormais « nulle intelligence de la situation, nulle fixité dans les plans, nulle suite dans les idées » (1).

Malgré l'effort, l'énergie de quelques bons sultans, le gouvernement des corrompus et des incapables aggravera de jour en jour le mal jusqu'à ce qu'il devienne incurable.

La politique de la Sublime-Porte sera dirigée par certains grands Vézirs, qui prendront souvent pour ennemis ceux dont l'amitié et l'alliance auraient dû être la condition même du salut de l'empire. Ainsi, le grand vézir Halil pacha, signataire du traité de Passarowitz, s'engagea vis-à-vis des moscovites « à empêcher par toutes les voies possibles que la couronne ne devienne héréditaire en Pologne, et que le pouvoir royal ne put devenir prépondérant » (1).

Ce grand vézir ignorait que la Pologne était une barrière vivante contre l'invasion russe; par suite, son existence et sa force importaient à la sécurité de l'Empire ottoman.

A cause du manque d'apréciation de la situation présente et de la connaissance nécessaire dans l'art politique, les chefs prenaient souvent pour définitives et complètes, des victoires qui n'était, en réalité, qu'un commencement et laissaient ainsi échapper les occasions uniques dont dépendaient la vie et l'indépendance de l'Etat.

Le grand vézir Baltadji Mehmed pacha, le vainqueur de Falksen, ne répondit-il pas impertinemment au reproche amer de Charles XII, de n'avoir pas fait prisonnier Pierre Ier : « Eh !

(1) De la Jonquière, *Histoire de l'Empire Ottoman.*
(1) De la Jonquière, *Hist. Chap.* 16, p. 352.

qui aurait gouverné ses états, il n'est pas bon que tous les rois soient hors de chez eux » (1).

Tout cela montre suffisamment l'incapacité et la vanité des personnages dont les sultans attendaient l'avis et l'aide, et aux mains desquels se trouvait confié le sort du peuple turc.

Cela est de l'aveu même de Mustapha III, sultan énergique et éclairé, qui malgré sa bonne volonté et son espoir de mettre un terme aux désordres dont souffrait l'empire, constatant douloureusement son impuissance, devait écrire au Khan de Crimée ces tristes lignes : « Que puis-je ? Tous mes pachas sont amollis par la corruption. Ils ne veulent que des kiosques, des musiciens, de belles esclaves ; je travaille à mettre de l'ordre, mais il n'y a personne qui veuille m'aider » (2).

L'Empire ottoman s'enfonçait de plus en plus dans un abîme, dont nul ne semblait capable de le sauver.

Profitant des sanglantes révolutions, qui ne cessaient pas de troubler le palais russe vers le milieu du XVIIIe siècle, la Sublime-Porte, grâce à l'appui politique de M. de Villeneuve, ambassadeur de France à Constantinople, remporta une bonne victoire couronnée par le traité de Belgrade (1739). Ce traité sembla réveiller la Porte et lui rendre son éclat d'autrefois. Malheureusement, ce fut éphémère, le mal était devenu chronique.

La politique de la Porte était dirigée au hasard, sans suite, sans intelligence. On déclarait la guerre comme on concluait la paix, c'est-à-dire, sans se rendre compte du moment, de la situation, de l'état du matériel, de la disposition des puissances amies ou ennemies.

(1) Voltaire, *Histoire de Charles XII.*
(2) De la Jonquière.

Au moment où le sultan Mustapha III déclara la guerre à Catherine II, en 1768, le baron de Tott, l'envoyé de France au service de la Sublime-Porte, fut chargé d'une inspection de l'artillerie turque. Il rédigea un rapport qui montre l'état dans lequel se trouvait l'arsenal de Constantinople. « Tout semblait y (dans l'arsenal) annoncer, disait-il, à des yeux attentifs, la prochaine ruine de l'empire ; on y lisait d'avance, pour ainsi dire, sur le bronze et sur l'airain ses véritables destinées, la déroute de ses armées, la prise de ses villes » (1). Tel était l'état de l'artillerie turque, autrefois la première du monde. En plein dix-huitième siècle, cette artillerie se servait encore des pierres, comme au seizième siècle.

Quant à la marine, elle n'avait fait aucun progrès, et était restée telle qu'elle était au temps de Mehmed le Conquérant. « ...Des vaisseaux, dit encore le baron de Tott, hauts de bords..., ne pouvant offrir à l'ennemi que beaucoup de bois et peu de feu » — « ancien principe d'amerrage, nulle connaissance nautique, des batteries encombrées, point d'égalité dans les calibres ; tel était l'état mécanique des armements..... »

Par un fatalisme cruel, on se souciait peu du matériel et on poussait les braves Turcs aux champs de bataille en se servant des méthodes et des matériaux du moyen-âge.

La politique intérieure de la Sublime-Porte n'était pas plus brillante que sa politique extérieure. La désagrégation et le mécontentement des populations commençant vers la seconde moitié du dix-huitième siècle devaient devenir dans la suite une véritable plaie incurable.

Du côté de l'Europe, les provinces chrétiennes étaient clan-

(1) Ecr. par De la Jonquière, p. 375.

destinement travaillées par les tsars moscovites qui exploitaient leur passion religieuse, en vue d'un soulèvement général.

En Asie, vers la fin du dix-huitième siècle, l'autorité de la Sublime-Porte devenait de plus en plus illusoire. Les grands Gouverneurs, comme les pachas de Bagdad, de Trébizonde, surtout de l'Egypte, aspiraient à l'indépendance.

Le sultan, Mustapha III prit à tâche de parer à ces infériorités qui constituaient les causes matérielles des désastres, et de mettre fin à ces troubles politiques qui occupaient toute l'attention du gouvernement. Ce sultan, par son activité, sa constance et la lucidité de son esprit, comprit la nécessité de certaines réformes. Il les entreprit, et son ardeur à suppléer aux incapacités de ses ministres lui permit de voir ses efforts couronnés d'un succès inespéré.

Le plus grand mérite que l'on puisse lui reconnaître, c'est d'avoir compris la nécessité des réformes, de les avoir inaugurées et d'avoir tracé la voie dans laquelle auraient dû s'engager ses successeurs (1).

Mais ni lui, ni ses successeurs réformateurs n'ont compris les causes initiales de la faiblesse et de la décadence. Elles étaient cachées à leurs yeux. Aussi, plusieurs essais de réforme qui seront tentés à la fin du dix-huitième siècle et surtout au cours du dix-neuvième siècle n'offriront-ils que des résultats incomplets et chimériques. Et, cela, parce que toutes ces réformes ne seront que comme de faibles palliatifs pour soutenir un édifice dont la base manque absolument de la solidité nécessaire.

(1) De la Jonquière.

II

Les Causes.

Une étude approfondie de ces causes déborde évidemment le cadre de notre sujet. Mais, comme elle nous paraissent en rapport direct avec la solution nette et satisfaisante de la question des Détroits, il est indispensable d'en donner quelque idée.

La question se résume, pour nous, dans les termes suivants : pourquoi l'Empire ottoman a-t-il toujours gardé sa forme archaïque, ayant vécu des siècles à la porte de l'Europe, pourquoi n'a-t-il pas pu y entrer effectivement ?

La réponse à cette question est contenue dans les caractères intimes de cet empire qui pourraient se définir ainsi : *Une monarchie théocratique absolue, composée d'éléments les plus différents de race et de sentiments.*

L'empire des sultans était une monarchie absolue, analogue d'ailleurs à ses contemporaines ; mais en plus, il était théocratique. C'est ce dernier trait qui le distinguait des autres et le rapprochait de l'Etat des papes.

C'est la religion musulmane qui constituait le principe unique du gouvernement ottoman, de sorte que les lois civiles et politiques de la société turque étaient directement empruntées au Coran.

Nous n'avons nulle intention d'énumérer, ni d'apprécier les nombreuses conséquences d'une pareille situation. Il nous suffit d'en indiquer simplement ce qu'il y a de plus important au point de vue social et politique.

Elles peuvent être résumées ainsi :

I. — La religion, comme principe d'Etat, constitue une source permanente de routine et d'animosité contre le progrès.

Sans doute, *la religion est un appui précieux pour la conscience individuelle, et, dans la vie publique des sociétés homogènes, elle est un des meilleurs soutiens de l'harmonie et de la solidarité sociale.*

Seulement, son rôle et son action doivent s'arrêter là, et ne pas déborder le champ de la conscience individuelle. Si elle dépasse cette limite, si elle s'érige en lois civiles et politiques, et prétend diriger les actions de l'Etat, par la force et l'autorité même qu'elle acquiert de ce fait, la religion arrive à créer dans l'Etat, un fort penchant à la routine.

Ainsi, le gouvernement à base religieuse cherchera les raisons et les justifications de ses décisions, de ses actions, non pas, comme il convient, dans les circonstances du moment et dans les nécessités de la vie sociale et politique, mais dans les textes saints.

L'histoire de l'Etat ottoman est riche de faits qui donnent une justification éclatante à ces considérations.

On a vu, au cours des deux siècles précédents, des discussions et des luttes à propos d'une innovation pour accepter ou approuver par exemple une découverte de la Science. L'établissement de l'imprimerie en Turquie, la création des écoles laïques à côté des écoles religieuses, l'enseignement des sciences physiques et naturelles ont soulevé de longues questions de conformité aux préceptes de la religion. Et chaque fois qu'on a senti la nécessité d'innover, on a dû recourir aux livres saints pour y découvrir un texte favorable ou une interprètation donnée par un docteur. Après la Révolution de 1908, les révolutionnaires, eux-mêmes, allèrent chercher au temps des quatre premiers khalifs la justification et la base de l'Etat constitutionnel.

Il faut ajouter à cette liste les difficultés venant des relations internationales qui ont donné lieu à la formation d'un véritable code des juridictions exceptionnelles que l'on désigne sous le nom de Capitulations.

Il y a eu, il est vrai des sultans et des grands vézirs qui ont courageusement lutté conte ces difficultés. Leurs efforts sont néanmoins restés vains parce qu'ils n'ont jamais osé prendre l'unique mesure rationnelle de séparer l'Etat et la religion. Cela leur eût paru la ruine même de l'empire, c'était juste car il était inséparablement lié à la religion, de sorte qu'il ne pouvait pas vivre sans elle.

Pour prendre cette mesure il fallut attendre jusqu'à ces dernières années, c'est-à-dire, la fin de l'Empire.

II. — Nous trouvons dans l'Empire ottoman un second caractère relatif à sa composition.

Il était formé par la juxtaposition des éléments ethniques différents et même opposés de race, de langue et de sentiment.

Confiants dans leur force, fiers de leur race, les Turcs n'ont jamais cherché à fondre les peuples qu'ils ont soumis. Ceux-ci ont gardé toutes leurs particularités nationales et religieuses. Et, de ce fait, l'histoire ottomane n'offre qu'un tableau de perpétuelles agitations.

Le défaut de toute cohésion et d'intelligence entre ces éléments hétérogènes constituait la principale source de l'impuissance ottomane dans ses actions politiques. L'Empire avait constamment à surveiller et à prévenir un soulèvement à l'intérieur lorsqu'il était occupé au dehors. Cela est tellement vrai.

que l'on peut dire, d'une façon générale, que la cause intime de la plupart de ses défaites ne fut autre chose que la trahison d'un élément composant l'empire.

L'Autriche, surtout les Russes doivent leurs succès, du moins au début, à l'insurrection des populations chrétiennes, de race slave ou grecque qu'ils préparaient soigneusement avant de se mettre en conflit avec la Porte.

Les tsars de Russie, la plupart fort libres en fait de croyance, se présentaient aux chrétiens des Balkans la croix grecque à la main et s'efforçaient de les soulever en masse. « L'Eglise grecque, écrit Lavallée dans son histoire de Turquie, si fatale à l'Europe et à la civilisation, avait enfanté, dans son extrême décrépitude, un chétif et dernier avorton du siège de Byzance, l'Eglise russe qui reçut à peine en naissant, un débile souffle de vie évangélique et qui ne s'en servit jamais que dans les intérêts politiques du pouvoir, qui la tient en servitude ».

La politique d'intérêt des tsars, teinte d'une couleur religieuse, avait ainsi trouvé un appui précieux dans le sein même de l'Empire ottoman.

Le gouvernement ne pouvait, effectivement, compter que sur l'élément de pur turc, seul appelé à se battre pour la patrie, et à soutenir un empire qui ne lui rapportait que des charges écrasantes. Et cependant, ce n'était pas en réalité lui qui gouvernait. Le gouvernement était aussi cosmopolite que la société ottomane. Les sultans étaient, la plupart du temps, entourés d'aides et de conseillers convertis ou simplement appartenant à des communautés soumises. Loin de penser au bien du Turc, ces personnages avaient, tout au contraire, intérêt à ce qu'il fût affaibli et écrasé.

Ce caractère cosmopolite et hétérogène de l'Empire ottoman,

n'a disparu, comme du caractère théocratique, qu'avec lui-même.

A ces deux causes de défaillance et d'impuissance que l'on peut appeler, la première, vice de constitution, la seconde, vice de composition, il convient d'en ajouter une autre qui n'a pas moins d'importance.

Nous avons vu, au début de cette étude, le rôle qu'a joué Constantinople par sa position naturelle, mais ce n'est pas tout.

En détruisant l'empire byzantin, les Turcs n'héritèrent pas seulement de sa fortune, mais « empruntèrent bien d'autres choses à la monarchie qu'ils semblaient avoir anéantie » (1).

Les vices empruntés au byzantin, constituent les premiers germes de la décadence. L'organisation administrative, la hiérarchie des fonctionnaires, la vénalité des offices, la vie dépensière et luxueuse du palais et des grands personnages, l'influence toute puissante du harem sur les affaires politiques, l'élévation des favoris aux plus hauts postes de l'Etat, etc... sont dûs à l'héritage byzantin (1).

Telles étaient, à notre sens, les causes essentielles de la décadence de l'Empire ottoman : causes qui avaient autrefois contribué à sa grandeur. A mesure que la puissance turque s'abaissait, il se posait de nouveaux problèmes et dans l'histoire politique de l'Europe s'ouvraient de nouveaux chapitres.

Devant le recul de l'armée ottomane il se posera immédiatement une question de succession dont les héritiers, d'accord à l'ouverture, se disputeront au moment du partage, de sorte que la part de l'un sera l'objet de convoitise de l'autre. Compétitions politiques, rivalités économiques, toutes ces discussions auront pour point central Constantinople et les Détroits.

(1) Charles DIEHL, *Byzance*. Paris, E. Flammarion, p. 325.
(1) HAMMER, DE LA JONQUIÈRE.

CHAPITRE III

LE RÉVEIL DE LA POLITIQUE DU PARTAGE DES NATIONS VOISINES DE LA TURQUIE

I

L'Autriche : sa situation et la nouvelle orientation de sa politique au début du dix-huitième siècle.

La monarchie des Habsbourg, titulaire depuis le XVe siècle de la couronne du Saint-Empire Romain Germanique, hésita longtemps entre l'Allemagne et les Balkans, entre le Rhin et le Danube. Elle devait s'orienter malgré elle, vers ce dernier et par des circonstances presque fortuites :

Les traités de Westphalie éloignèrent l'Autriche de l'Allemagne, divisée en petits Etats, indépendants et souverains. Ceux d'Utrecht, de Rastadt ou de Bade lui enlevèrent toute espérance du côté de l'Espagne qui fut aux Bourbons.

Cependant, l'empereur Léopold Ier, qui règna jusqu'à la fin du XVIIe siècle, ne cessa de travailler à la reconstitution de l'unité impériale détruite par la Réforme et par les princes allemands. Malgré son impuissance Léopold persista dans la pensée de refaire l'empire de Charles-Quint.

Mais, son échec dans la question de la succession d'Espagne, et surtout la politique des Hohenzollern, inaugurée par Frédéric II, de lui disputer la domination de l'Allemagne protestante, déterminèrent Léopold à orienter la politique de l'Autriche vers une nouvelle direction, vers le Danube moyen, vers la Hongrie. Sur cette route, l'Autriche se trouva face à face avec les Turcs. Ceux-ci avaient conquis la Hongrie et la Bohème et menaçaient pour la seconde fois la capitale. Elle aurait été sûrement perdue sans le secours des croisés et particulièrement de Jean Sobieski.

Dans la suite, la décadence ottomane servit au bonheur de l'Autriche et la lutte commencée en 1683 aboutit, on le sait, au traité de Carlowitz par lequel l'Autriche acquiert toute la vallée du Danube.

Donc, si la paix de Westphalie ruina l'unité de l'Empire germanique, cinquante ans plus tard, la paix de Carlowitz fondait et achevait, dans le cadre de la Vallée du Danube, l'Etat Autrichien. Désormais, l'Allemagne et l'Autriche devenaient des empires indépendants, rattachés artificiellement par les formes d'un droit politique suranné (1).

A partir de ce traité, l'Autriche reprend et relève son rôle en Orient, dans les Balkans et trouve même dans ce rôle sa raison d'être.

Au cours du dix-huitième siècle, elle s'agrandit considérablement par des annexions successives. Les victoires du prince Eugène, après Zenta, à Pétervardin, à Belgrade (1716) ouvrirent à l'Autriche, la route de la mer Noire. Au traité de Passa-

(1) E. Bourgeois, *Manuel Historique de Politique étrangère*, t. I, chapitre VI.

rowitz (1718) elle annexa le banat de Temesvar, enleva à la Porte la Bukovine (1775), et Belgrade (1789).

Les Autrichiens s'avançaient ainsi par les Carpathes vers le bas Danube et vers la mer Noire ; par Belgrade ils tendaient vers Salonique et la mer Egée.

Mais, sur ce chemin de progrès, ils devaient rencontrer un rival qui ne souhaitait rien moins que dominer toute la péninsule balkanique dont Constantinople était le but essentiel ; c'est la Russie.

II

La Russie au début et au cours du dix-huitième siècle, sa politique de la mer Noire et de Constantinople.

Les tsars se sont toujours considérés comme légitimes héritiers de Constantinople et leur idéal fut de s'y installer. Ils ont cherché ce droit d'héritage au-delà des siècles.

L'origine de cette prétention remonte, on le sait, à Ivan III. A la chute de Constantinople en 1453, le frère du dernier empereur byzantin s'était enfui à Rome avec sa fille, Sophie Paléologue. Le pape Sixtes IV et le Cardinal grec Bessarion songèrent à la marier au tsar de Moscou, dans la pensée de préparer la revanche du christianisme Après la célébration du mariage, qui eut lieu en 1472, Ivan III adopta l'aigle à deux têtes des Paléologue et se donna pour le vengeur des empereurs byzantins (1).

(1) DRIAULT, *La question d'Orient*, p. 35.

Mais les Russes durent attendre longtemps pour entrer dans la voie de la réalisation de ce dessein.

En effet, jusqu'au début du dix-huitième siècle la Russie demeura complètement étrangère aux progrès qui s'accomplissaient en Occident dans les idées, dans les sciences dans les Arts et dans les Etats.

Séparée de l'Europe orientale et occidentale, le mouvement de la civilisation et du progrès ne l'atteignait pas. La Pologne la séparait de l'Autriche et de la Prusse ; la Suède et la Norvège, ainsi que le Danemark, de la Baltique, et de la mer du Nord ; la Turquie, enfin, lui barrait la route de la Méditerranée.

C'est vers ces trois barrières que les tsars dirigèrent les efforts du peuple russe et les brisèrent l'un après l'autre. De sorte que l'histoire de la Russie au cours des deux siècles précédents présente d'interminables luttes autour des questions de la Turquie, de la Suède et de la Pologne.

C'est la Turquie, la mer Noire qui attira d'abord l'attention des tsars. C'est par la Turquie qu'ils commencèrent leur carrière d'empereur.

Les premiers rapports entre les Turcs et les Russes sont d'ordre commercial. En effet, après Byzance, les relations des Russes avec Constantinople n'ont pas cessé sous le règne des sultans. Ces derniers se sont appliqués, au contraire, à favoriser, à multiplier ces relations.

Les sultans y étaient poussés d'abord par la nécessité économique ; ensuite et surtout, par une sympathie particulière. et naturelle que les Turcs ont eue de tout temps pour les Russes, et réciproquement. Les raisons de cette sympathie, c'est d'abord que la grande similitude des mœurs et des coutumes entre ces deux pays rapprochait les Turcs davantage des Russes que des Occidentaux. Une sorte de conscience d'espèce les poussait à se rechercher.

Elle s'explique encore par ce fait que les Occidentaux s'étaient tous mis contre les Turcs et les avaient combattus durant des siècles. Les Russes n'avaient jamais participé à ces mouvements d'hostilité et étaient restés en relations paisibles avec eux.

Enfin, l'existence d'une nombreuse population chrétienne dans l'empire ottoman, rendait cette sympathie nécessaire, car les Turcs n'ignoraient point la séculaire prétention russe sur Constantinople.

La route de ces relations était tout naturellement la mer Noire qui mettait en communication Constantinople et le Sud de la Russie. Azof et Caffa constituaient deux importants marchés du commerce de la mer Noire.

Les tartares de Crimée, surtout après leur soumission aux sultans, furent le rempart de l'Empire ottoman contre les Russes et rendirent le commerce bien difficile. Les tsars interdirent même à un moment à leurs sujets de faire le commerce dans ces pays. Les sultans leur demandèrent le rétablissement de ces relations et tâchèrent de mettre fin aux difficultés dont souffrait l'échange dans la mer Noire.

Ces relations amicales et commerciales ne devaient pas durer : les Russes étaient poussés par une force fatale vers le sud et, là, ils rencontraient les Turcs.

On en était là toutefois, lorsque Pierre le Grand voulut brusquer les choses et s'emparer d'Azof.

L'avènement de ce tsar marque un point capital dans l'histoire du peuple russe. Ses efforts pour faire entrer son peuple, malgré lui, dans la famille européenne sont trop connus pour que nous ayons besoin de les décrire.

C'est lui qui fit de sa grande ambition sur Constantinople une mission divine pour la Russie de disputer le Bosphore et les Balkans aux Turcs. Mais, pour y parvenir, il aurait fallu qu'elle fut mieux organisée qu'eux.

Ce fut le mérite de Pierre Ier, de reconnaître cette nécessité, de savoir se plier aux exigences de l'acte à accomplir. Ce qui lui révèla cette nécessité, l'état réel où se trouvait la Russie, ce fut sa propre expérience dans la campagne de Crimée et ce fut son premier acte de la politique extérieure.

Après le traité de Radzin (1681) par lequel Pierre Ier s'engageait à payer un tribut annuel aux khans des Tartares, une première occasion lui permit d'entrer dans la réalisation de son dessein. Ce fut la détresse de l'Autriche. Devant la menace des troupes turques aux portes de la capitale, les Habsbourg cherchèrent à gagner le concours de la Russie. Ce concours leur était d'autant plus indispensable que la Pologne elle-même ne pouvait pas agir sans la Russie.

Celle-ci avait tout avantage à entrer dans l'alliance sollicitée. Mais, comprenant parfaitement la situation critique de l'Autriche, le tsar voulait toucher le prix de son concours. Contre un résultat incertain et plein de risque, il ne voulait point s'engager sur de simples promesses d'avantages. Au fond, il ne voulait point laisser échapper une occasion aussi favorable que celle que lui présentait la situation. Les Turcs étaient occupés en Hongrie, il lui était facile de porter un coup aux Tartares.

Finalement le traité d'alliance signé à Moscou, en 1686 donna satisfaction aux Russes. En vertu de ce traité, ils obtenaient comme prix de leur concours Kiew, Smolensk et toute la Petite-

Russie. C'était un succès considérable. Par l'annexion de Smolensk avec la ligne de Dniéper la Russie se procurait une frontière naturelle dont la défense était très aisée dans une guerre éventuelle contre les Turcs.

En outre, et c'est là le point important, cette annexion permettait aux Russes de toucher la mer Noire.

Les hostilités commencèrent au printemps de la même année. Mais le sort ne sourit point aux Russes. Ils ne purent pas réaliser leur espoir d'annexer la Crimée, ni même de s'affranchir de l'obligation de payer le tribut aux Tartares.

Le siège d'Azof demanda deux ans d'efforts et montra tous les défauts de l'organisation de l'Etat. Cette triste expérience fit comprendre à Pierre le Grand ce qui lui manquait pour atteindre Constantinople, but idéal de toute sa politique ; comme il en sera de même de ses successeurs. Il entreprit de réorganiser la Russie.

L'exécution de son large programme demandait du temps, mais il était pressé d'entrer en possession de la Crimée. Malgré une deuxième tentative infructueuse en 1695 il assiégea de nouveau la ville d'Azof et l'obligea à capituler en 1696.

Cet événement eut un grand retentissement en Russie et en Europe. C'était le premier succès des tsars contre les Turcs.

Pierre Ier fit aussitôt une tournée sur les côtes de la mer d'Azof et décida d'élever des fortifications et de construire un port. La ville fut fortifiée et les mosquées furent transformées en églises.

Après le congrés de Carlowitz, où la Turquie et la Russie ne s'étaient consenties qu'une trève de deux ans, Pierre Ier chercha à rétablir la paix définitive. Mais entre temps, il s'était hâté de construire dans la mer Noire une flotte composée de plus de

90 unités. Pour montrer cette force inattendue aux Turcs, il envoya son délégué auprès de la Porte par voie de mer et sur une galère à 46 canons.

L'arrivée de ce cortège à Constantinople ne manqua pas de produire une vive sensation. Et, c'est sous cette impression que s'ouvrirent les négociations entre les délégués des deux gouvernements.

Parmi les conditions de la paix proposées par l'envoyé russe, la liberté de navigation dans la mer Noire formait l'essentiel. Les négociations aboutirent sur des points que l'on pouvait regarder comme secondaires. Les Russes gardaient Azof et étaient exempts de tout payement de tribut.

Mais les discussions furent particulièrement vives, quant à la liberté de navigation dans la mer Noire. La Sublime-Porte refusa énergiquement d'admettre cette demande et invoqua des arguments juridiques au sujet de la fermeture de cette mer.

La Turquie considérait la fermeture de la mer Noire comme un principe fondamental de son droit public. Et, en vérité, cette thèse était conforme aux principes de droit de cette époque, qui admettaient la souveraineté absolue et exclusive de l'Etat auquel appartiennent toutes les côtes d'une mer intérieure. C'était justement le cas ; la Turquie était la seule riveraine de la mer Noire, qui avait la vraie position d'un lac ottoman.

Ce n'était pas d'ailleurs ces seuls arguments juridiques qui constituaient la base du refus des Turcs. S'ils n'avaient pas eu d'autres raisons et inquiétudes, ils auraient sans difficulté admis la demande russe, laquelle, du reste, n'était pas contraire à leurs intérêts.

La raison véritable s'inspirait de ce principe de conservation qui était très légitime et parfaitement compréhensible.

Le progrès considérable de la puissance moscovite inquiétait déjà la Porte. L'intention de Pierre le Grand ne lui avait pas échappé, et elle en vit sa manifestation la plus éclatante dans l'arrivée de l'unité de guerre russe dans les eaux de la capitale ottomane.

Du reste, les Turcs n'étaient pas les seuls à s'inquiéter de la descente russe sur la mer Noire. Certaines Puissances, qui entretenaient en Turquie un commerce très florissant, n'étaient pas moins inquiètes. Le développement de la Russie, et sa concurrence éventuelle pouvaient leur causer des dommages réels : par suite, elles ne pouvaient tolérer aucunement l'entrée des Russes dans la mer Noire.

Ce calcul d'intérêt des puissances joua un assez grand rôle dans ces pourparlers.

Finalement, on remit à une date ultérieure la question de la mer Noire : et, devant l'insistance du tsar la Sublime-Porte accorda aux Russes, seulement le droit de commerce dans tous les ports de la mer Noire, à cette condition toutefois que les marchandises devaient être transportées sur des bateaux portant le pavillon turc (1700).

Cet arrangement transactionnel ne satisfit nullement Pierre Le Grand, qui voulait obtenir absolument la liberté de navigation. Il donna, à cet effet, pleins pouvoirs à l'ambassadeur spécial, qu'il envoya dans la suite à Constantinople en vue de procéder à la ratification du traité de 1700. Cet ambassadeur devait tâcher d'obtenir la liberté tant désirée, quelles que fûssent les conditions proposées par la Porte. Il suffisait pour le tsar que la navigation russe entre Kertz et Constantinople soit libre, et il laissait à la Porte la règlementation de cette liberté.

Toutes ces tentatives échouèrent, la Porte n'admit cette liberté de navigation à aucun prix. A partir de ce moment, le tsar n'insista plus sur cette question. Persuadé de l'inutilité de toute démarche, il préféra attendre l'occasion favorable d'obtenir par la force, ce qu'il n'avait pu obtenir par la voie pacifique.

Les Russes auraient pu attendre encore bien longtemps, si la Porte avait saisi le fond de leur idée. Elle sentait vaguement quelque danger dans les progrès russes vers les côtes de la mer Noire, mais la force et le véritable projet de Pierre Ier, lui échappaient complètement.

La preuve en est, que par un mépris inexplicable, la Porte laissait Pierre Ier fortifier Azof, construire des vaisseaux de guerre. Elle restait indifférente en face de la guerre terrible où Charles XII de Suède essayait d'étouffer la Russie naissante. C'est que les dirigeants ottomans commençaient à perdre cette sagacité de vue qui faisait la gloire des sultans précédents.

La question de la Succession d'Espagne et de la Pologne, suscitaient de grandes difficultés à Louis XIV. Une diversion des Turcs dans le bassin du Danube à la fois, contre les Russes et les Autrichiens aurait été très opportune pour laisser le roi de France agir auprès du grand vézir pour le persuader de l'opportunité d'une guerre contre ces deux puissances. Mais l'ambassadeur du tsar tâcha de son côté, de montrer à la Porte l'issue fâcheuse d'une telle éventualité. Et, la Porte ne savait plus qui écouter. C'est que sa politique commençait à osciller selon les intérêts et les intrigues de la diplomatie étrangère.

La Porte hésite, Charles XII continue sa lutte et s'aventure dans l'intérieur de la Russie. écrasé à Poltava, il se réfugie sur le territoire ottoman. Devant la sommation insolente du tsar de le lui livrer, le sultan Ahmed III lui déclare enfin la guerre. « Cerné sur les bords du Pruth par deux cent mille turcs et tartares. sans vivre, sans munition, Pierre Ier était perdu sans ressources. C'en était fait de la puissance moscovite ; mais la corruption suppléa à la force. » (1). Le grand vézir accorda au tsar son imprudente grâce, et le laissa se tirer d'une position désespérée.

L'issue de cette guerre fut le traité de Falksen (1711) par lequel Pierre 1er restituait Azof et s'engageait à ne plus se mêler des affaires de la Pologne. Cette dernière clause est la seule satisfaction qui put tirer Charles XII de ses tragiques aventures

Ainsi, la Russie de Pierre Ier perdait ce qu'elle avait pu gagner depuis 1696 ; les événements de 1739 achèveront, pour plusieurs années, son éloignement du bord de la mer Noire.

Rappelons brièvement les circonstances qui aboutirent au traité de Belgrade (1739) où la Turquie remporta une éclatante victoire sur les Autrichiens et sur les Russes et effaça la honte de Carlowitz.

La Pologne, désolée par l'anarchie qui régnait chez elle depuis un siècle, était une proie toute désignée à l'ambition de ses voisins. Pour paralyser l'action de la France, qui seule, soutenait ce royaume, la Russie, l'Autriche et la Prusse avaient

(1) DE LA JONQUIÈRE. Chap. XVI, p. 351.

conclu en 1732 un pacte secret qu'on peut regarder comme le prologue du démembrement de la Pologne. La mort d'Auguste, roi de Pologne, donna l'occasion aux Russes et aux Autrichiens d'envahir le territoire polonais. La France déclara aussitôt la guerre à l'Autriche.

Le sort de la Pologne interessait au plus haut degré la Turquie, ayant la même cause à défendre contre le flôt russo-autrichien. C'est sous l'influence de cette idée que le traité de Falksen avait placé l'indépendance de la Pologne sous la garantie du sultan. Cette garantie venant d'être méconnue, la Turquie devait intervenir et protéger la Pologne. C'est ce que suggérait la France à la Porte par l'intermédiaire de son éminent ambassadeur, le marquis de Villeneuve.

Les Russes fiers de leur rapide succès en Pologne, les Autrichiens délivrés par le traité de Vienne (1735) des embarras que la France leur causait, avaient une bonne occasion de se tourner contre les Turcs dont l'immixtion dans les affaires de la Pologne leur paraissait insupportable. Le moment était venu de former la grande croisade rêvée par Pierre Ier.

Un léger incident de frontière servit de prétexte à la guerre qui fut déclarée en 1736. Les Russes envahirent la Crimée et les Autrichiens se joignirent bientôt à leurs actions.

L'armée turque emporta des victoires décisives sur les Autrichiens, mais du côté des Russes, elle ne put empêcher le général Munich de s'emparer d'Iassy et de la Moldavie.

Ces succès et la grande habileté de M. de Villeneuve, qui joua un rôle important dans les événements de 39, obligèrent la Russie et l'Autriche à signer une paix séparée.

Le traité de Belgrade enleva, pour longtemps, cette ville à l'Autriche.

La convention avec la Russie stipulait la démolition des fortifications d'Azof qu'on neutralisait, l'interdiction pour elle d'avoir des vaisseaux sur la mer Noire et sur la mer d'Azof, l'obligation d'y exercer le commerce seulement avec des navires étrangers. La Russie perdait ainsi tout contact avec la mer Noire, et restituait à la Turquie toutes les conquêtes qu'elle avait pu faire depuis le début du siècle.

Quelles étaient les causes de cet échec ? Malgré leurs efforts incessants pour s'installer au bord de la mer Noire ; malgré les succès du général Munich en Moldavie ; pourquoi les Russes avaient-ils consenti à renoncer, pour le moment du moins, à leur éternelle revendication.

C'est en recherchant ces causes que l'on trouve le prologue de cet épisode de la lutte autour des Détroits et de Constantinople qui va bientôt commencer.

Si les Russes ont dû céder, c'est parce que, d'abord l'Empire ottoman devenait de plus en plus un point de contact de vues et d'intérêts, où l'exigence des progrès économiques des Puissances Occidentales et le développement considérable de la force moscovite commençaient à se heurter. La faiblesse même de cet empire rendait son existence nécessaire pour les intérêts des occidentaux.

En second lieu, les visées russes ne consistaient pas, en réalité, dans le développement et la sécurité de leur commerce dans la mer Noire, comme ils le répètaient, puisqu'ils n'avaient pas encore des relations commerciales correspondant à leur prétention. Leur véritable but c'était de s'assurer le chemin de Constantinople pour s'en emparer un jour, et cela était absolument incompatible avec les intérêts des puissances.

Quoiqu'il en soit, l'espoir moscovite n'est nullement perdu.

« Il semblait qu'une force instinctive, indépendante des hommes et des circonstances, religion et tradition à la fois, poussait les Russes vers le sud. Cette poussée rencontrait, naturellement des obstacles. Mais ils ne s'arrêtaient pas,,elle les tournait comme un torrent » (1).

Les événements et les révolutions des années 1740 et 1741 furent l'un de ces obstacles. L'œuvre de Pierre Ier paraissait sur le point de périr. Le règne de Pierre III, si court qu'il fut, marquait une régression dans l'Etat russe.

Les victimes auraient dû profiter de cette régression, c'est ce que paraissait faire particulièrement l'Empire ottoman. Mais ces projets de réaction vont être bientôt déjoués par l'avènement de Catherine II, qui, une fois débarrassée des difficultés intérieures et extérieures, reprend le projet de son prédécesseur, Pierre Ier.

En effet, la Russie absorbée par des embarras intérieurs ; l'attention de l'Europe captivée par d'autres questions, pendant vingt-cinq ans, le conflit oriental s'apaisa. Aussitôt arrivée au pouvoir (1762), Catherine II attira de nouveau l'attention de l'Europe sur la question d'Orient. Elle dirigea sa politique extérieure vers deux points : la Pologne et la Turquie. Un même sort tragique liait ces deux pays et ils en avaient conscience sans pouvoir pourtant détourner le destin funeste.

Pour réaliser son projet sur la Pologne, Catherine II n'avait rien à espérer de la France. En revanche il y avait la Prusse du Grand Frédéric qui lui offrait son concours pour former un complot contre ce malheureux royaume. La mort d'Auguste III

(1) E. Bourgeois, *Manuel élémentaire de Politique étrangère*, t. II, chap. X.

fut la cause de l'empressement de la tsarine. Elle souscrivit à l'alliance qui fut conclue en 1754.

Du côté de la Turquie, le but de Catherine II, est toujours celui de ses prédécesseurs, mais plus précis. Conquérir la liberté de la navigation russe dans la mer Noire, la liberté de passage par les Détroits ; chasser les Turcs des Balkans et de Constantinople ; tel est le plan tripartite de la politique russe.

Deux moyens se présentaient pour la réalisation de ce plan dans sa totalité : le peuplement du sud de la Russie, d'abord, pour activer son mouvement commercial dans la mer Noire. Un soulèvement général de la population chrétienne, ensuite, ce qui sera décisif pour en finir avec la Turquie.

Nous avons vu précédemment que la prétention russe au sujet de la mer Noire n'était nullement en rapport avec ses besoins commerciaux. Pour qu'on pût admettre la nécessité pour la Russie de se servir librement de la mer Noire, il fallait que cette nécessité existât réellement.

Afin de parer à ce défaut, Catherine II créa, en peu de temps, au sud et vers les côtes désertes de la mer Noire, une importante colonie, composée en grande partie des émigrés serbes de la Hongrie, qui inventa cette prétendue nécessité et suscita le besoin économique tant recherché.

D'autre part, les soulèvements partiels des Chrétiens de l'Empire ottoman n'avaient donné aux tsars précédents que des résultats peu satisfaisants. Un soulèvement général, au contraire, déciderait infailliblement du sort de la Turquie.

Catherine II s'y appliqua fermement en faisant appel, par tous les moyens, au sentiment chrétien des peuples balkaniques.

En résumé, la nécessité pour la Porte de défendre le peuple

polonais d'une part ; les mouvements préparatifs russes dans les provinces méridionales et les intrigues du cabinet de Pétersbourg en vue de soulever les chrétiens de l'Empire ottoman, d'autre part ; suffirent pour amener l'explosion d'une guerre. La Porte, poussée d'ailleurs activement par les Puissances Occidentales, particulièrement par la France, déclara la guerre à la tsarine en 1768.

Nous n'avons nulle intention de décrire ici les opérations longues et pénibles qui aboutirent, on le sait, au désastre de Tchesmé.

Les Russes, après avoir mis le feu dans les Balkans et soulevé les Grecs, occupèrent Azof et amenèrent leur flotte de la Baltique vers la mer Egée, dont une escadre était placée sous le haut commandement d'un officier anglais, Elphingston. Le résultat de cet engagement fut la destruction de la flotte ottomane à cause de l'imprudence de son commandant.

Ainsi, l'armée de la tsarine était maîtresse de la Moldavie et de la Valachie, elle disposait de la Bessarabie et d'Azof. Sa marine avait jeté l'ancre à l'entrée des Dardanelles qui étaient déclarées en blocus pour couper le ravitaillement de Constantinople.

Devant cette situation, les Turcs ne pouvaient que céder. En attendant qu'ils demandassent la conclusion de la paix, Catherine II convoqua le Conseil de l'Empire de Russie afin d'arrêter les conditions de la paix qui ne paraissait pas trop éloignée.

Les décisions de ce Conseil sont trop importantes pour que nous ne nous y arrêtions pas quelques instants.

Les délibérations de ce Conseil sont basées sur trois ordres d'idée, et d'abord sur la diminution de la force d'attaque de la Turquie.

En ce qui concerne ce premier point, on décida d'annexer Azof et de proclamer l'indépendance des Tartares de Crimée. Cette dernière mesure suscita de vives discussions ; on hésita entre l'annexion et la proclamation d'indépendance. Devant les difficultés que l'on rencontrerait, pour établir une domination effective sur les Tartares récalcitrants et devant la possibilité de s'exposer aux protestations énergiques des Puissances, l'on préféra finalement la mesure d'indépendance qui supprimait l'autorité des sultans.

En second lieu, le Conseil avait à décider de l'indemnité à imposer à la Turquie qui était, estimait-on, la cause de la guerre, qui avait coûté si cher à la Russie. Le montant de cette indemnité fut fixé à vingt-cinq millions de roubles. Mais, estimant que la Turquie ne serait pas en mesure de le payer, le Conseil envisagea la question des garanties. L'annexion temporaire à la Russie des deux principautés danubiennes garantissait la somme réclamée : mais la Porte et les Puissances, l'Autriche surtout, y consentiraient-elles ?

Après de longues délibérations, on trouva le moyen d'éviter ces difficultés : on demanderait à la Porte la proclamation de l'indépendance de ces principautés ; et, si on l'obtenait, la Russie renoncerait à l'indemnité.

Mais quel avantage la Russie en retirerait-elle ? Elle établirait ainsi une zône d'influence dans les Balkans qui lui permettrait d'y exercer plus facilement son action politique.

Enfin, le troisième point des délibérations du Conseil de l'Empire était relatif à la liberté complète pour la Russie de naviguer et de commercer dans la mer Noire.

A ce sujet, la décision du Conseil était ferme. La Russie exigeait, non seulement une liberté complète et pleine dans cette mer, mais encore, pour son commerce, tous les droits et privilèges qui avaient été accordés jusque-là aux nations les plus favorisées.

Ces décisions du Conseil de l'Empire ne devaient nullement convenir aux intérêts des Puissances, principalement à l'Autriche qui ne souffrait aucunement l'établissement de l'influence russe dans les principautés, c'est-à-dire, sur les bords du Danube. Cette disposition des Puissances n'était point ignorée du cabinet de Pétersbourg.. Aussi, cachait-il soigneusement ses vues, même à son allié Frédéric le Grand, qui malgré ses insistances, ne put les connaître. La situation était embarrassante pour le roi de Prusse, qui ne voulait pas se brouiller avec l'Autriche ni rompre avec la tsarine, sa chère amie. L'impatience du Cabinet de Vienne était telle qu'il n'aurait point hésité à recourir aux armes contre les Russes, si Frédéric le Grand ne lui eût fait sentir qu'il se trouverait dans l'obligation de se mettre du côté de son alliée.

Constatant les difficultés qui venaient des intérêts opposés de la Russie et de l'Autriche du côté des Balkans, Frédéric II suggèra un moyen d'arrangement qui devait être de nature à satisfaire tout le monde, et ce moyen concernait la Pologne. C'est ainsi qu'une commune crainte de s'égorger devant la proie, amena les rivaux à s'associer et, ce jour-là, le partage de la Pologne fut décidé en principe. Et c'est ce même jour que la ruse fit son entrée solennelle dans la diplomatie européenne.

Se voyant obligés de restreindre leur part en Pologne devant la compétition austro-prussienne, les Russes se lancèrent sans obstacle vers le sud, du côté de la Turquie..

Celle-ci fut bientôt contrainte à signer le traité de Kucthuk-Kaïnardja (10 juillet 1774).

Ce traité donnait aux Russes Azof et quelques autres territoires. Mais ce n'était rien à côté des autres avantages qu'il leur accordait. Ils s'arrogeaient, non seulement le droit de libre navigation dans la mer Noire et les privilèges concédés par l'Empire ottoman aux Puissances maritimes : mais, ce qui était plus important et valait pour l'avenir tout un empire ; c'était le droit de la protection sur les chrétiens orthodoxes dans les provinces ottomanes.

Ce ne furent donc pas seulement les Polonais qui perdaient leur liberté. « L'Empire ottoman, écrivait alors un diplomate autrichien, Thugut, devient dès aujourd'hui une sorte de province russe » (1).

On lit, dans l'article XI de ce traité : « Pour l'avantage commun des deux empires, on établira une navigation libre et non interrompue pour les bâtiments et vaisseaux appartenant aux deux puissances contractantes sur toutes les mers qui baignent leurs états et la Sublime-Porte permet aux bâtiments et vaisseaux russes le passage libre dans ses ports et tous lieux, absolument de la même manière dont en jouissent les autres Puissances, dans le commerce qu'elles font de la mer Noire à la mer Blanche, etc... » (2).

En résumé, c'est le premier acte qui ouvre définitivement aux Russes la mer Noire et tous les ports de l'Empire ottoman, ainsi que les détroits du Bosphore et des Dardanelles. La Russie obtient, enfin, tous les avantages et privilèges concédés aux

(1) Albert SOREL, *La question d'Orient*, au XIIIe siècle, p. 261.
(2) Cité par M. MISCHEF, *La mer Noire et les Détroits*, page 184. Voir également le même auteur sur *les délibérations du Conseil de l'Empire*.

autres nations, c'est-à-dire qu'elle obtient la jouissance pleine et entière des Capitulations.

C'était en somme l'aboutissement des efforts de toute une génération guidée et entraînée par les tsars ambitieux qui avaient suivi fidèlement et énergiquement la ligne tracée par Pierre le Grand.

Les conséquences de ce traité ne tardèrent pas à se faire sentir. Les agents de Catherine se mirent en activité pour exciter des troubles en Crimée. Malgré les stipulations du traité de Kaïnardja qui en assurait l'indépendance, Potemkine, gouverneur des provinces méridionales russes, envahit la Crimée et, en 1784, la tsarine déclara la presqu'île annexée à son empire.

« En 1787, Catherine alla visiter ses provinces du sud, cet « empire de Tauride que Potemkine organisait. Ce fut un voyage triomphal, il faisait naître sur le passage de sa souveraine des villages populeux, des villes bruyantes d'activité au milieu des solitudes désertes. Il la conduisit à Kerson, où elle vit un arsenal formidable préparé pour la guerre sainte prochaine, à Sébastopol, dont le port naturel était déjà aménagé ; il lui montra de nombreux vaisseaux de guerre sur toutes les côtes, il la fit passer sous des arcs de triomphe portant cette inscription : « chemin de Byzance » (1).

L'entrevue de Kerson devait être la dernière réconciliation Joseph II, qui persévérait dans cette politique incompréhensible d'écraser les Ottomans déchus pour contribuer à l'agrandissement d'un rival plein de force et d'ambition, conclut avec elle, une alliance offensive et défensive contre la Porte. Ce traité

(1) E. Driault, *La question d'Orient*, p. 58. Paris.

secret fut bientôt divulgué. Comptant sur l'appui de la Suède, de la Prusse et même sur le concours du reste de la Pologne, le sultan Abdul-Hamid Ier prit l'initiative des hostilités (août 1787).

Aussitôt l'Autriche prit parti pour la Russie. Joseph II voulut prendre le commandement de son armée et essaye de surprendre Belgrade. Son armée découragée se retira en désordre, si bien que l'empereur lui-même, faillit périr dans la déroute.

Joseph II mourut en 1790. Son frère Léopold II était plus prudent que lui, il redoutait l'ambition russe. Accentuant bientôt sa défection à l'égard de la Russie, il signa avec les Turcs un armistice et traita définitivement avec le sultan, à Sistova (30 décembre 1791).

Mais, du côté des Russes, les Turcs subirent un échec terrible. La ville d'Oczalow, emportée d'assaut par l'armée russe, fut saccagée et vingt-cinq mille habitants furent égorgés.

La marche victorieuse de l'armée de la tsarine ne fut arrêtée que par l'intervention de la Prusse, de l'Autriche, de l'Angleterre même, qui commençait à comprendre le danger des projets russes sur la Méditerranée. La Russie consentit à signer le traité d'Iassy (9 janvier 1792).

L'entrevue de Kersou devait être la dernière réconciliation entre l'Autriche et la Russie à l'égard des sultans. Le contact de plus en plus délicat des deux empires les plus proches, devait les séparer pour jamais dans l'avenir. « C'est que, dans le temps même où l'Autriche prenait définitivement conscience de ses intérêts sur le Danube inférieur, la Russie y portait non moins ardemment ses vues, et devenait maîtresse des côtes septentrionales sur la mer Noire (1).

(1) E. Driault, ouvrage cité, p. 60.

*
* *

Si l'Autriche de Joseph II se conciliait clandestinement avec la tsarine au sujet du partage de la Turquie dont le premier projet, dit grec, remonte à l'année 1772, c'était par la crainte de se voir écartée de la succession. Elle voyait anxieusement dans les campagnes victorieuses des années 1770 et suivantes le signal définitif de la ruine de l'Empire ottoman. Aussi s'empressa-t-elle de recueillir sa part pour équilibrer la balance.

Cette succession ne fut pas ouverte, car le moment était venu où les Puissances maritimes devaient se prononcer. Elles « avaient pu consentir à la ruine de la Pologne. Elles ne pouvaient abandonner aux Russes et à l'Autriche le marché et les clefs de l'Orient. Sur ce point, la mer et les intérêts essentiels les rapprochaient de l'Empire ottoman, autant que les monarchies allemandes de la Pologne. C'étaient, naturellement leurs frontières commerciales (1).

Les intéressés au sort de l'Empire ottoman, ce n'étaient donc pas la Russie et l'Autriche seules, il y avait d'autres puissances avec lesquelles on devait compter. D'autant plus que l'intérêt de ces dernières, principalement celui de la France, était de nature radicalement opposée à la politique de domination et de partage que suivaient les deux premières à l'égard de la Turquie.

Ce sont ces autres intéressés qui vont nous occuper dans les chapitres suivants.

(1) E. Bourgeois. *Manuel Historique de Politique étrangère*, t. I., p. 447:

CHAPITRE IV

La Politique d'opposition et d'intérêt des Puissances Maritimes :

(La France et l'Angleterre)

I

La France

Les premières relations officielles de la France avec la Turquie remontent, on le sait, au temps de François Ier.

« Enveloppée de tous côtés par les possessions de la maison d'Autriche, la France se trouvait pour ainsi dire prisonnière chez elle..., Charles-Quint l'enserrait dans un cercle de fer..... ». Ainsi, « l'équilibre européen était compromis, il pouvait être détruit et la France avec lui, si l'on n'opposait à ce colosse une puissance aussi redoutable sur terre que sur mer ; il fallait une diversion puissante qui donnât à la France le temps de respirer, une alliance qui lui permît de restaurer sa puissance... » (1).

Le secours, dont la France avait absolument besoin dans sa situation désespérée, devait lui venir d'un peuple qui exer-

(1) De la Jonquière, Chap. XI, p. 222.

çait alors une suprématie incontestée sur les trois parties du monde.

Cependant François Ier, ce « fils aîné de l'Eglise » pouvait-il implorer l'aide et l'alliance du chef des infidèles ?

L'instinct de conservation eut raison des scrupules religieux. « La ruine de l'armée française à la bataille de Pavie et la captivité du roi décidèrent » François Ier à adresser à Suleïman le magnifique, une lettre dans laquelle il lui écrivait : « que le Grand Padischâh attaque le roi de Hongrie et lui fasse essuyer un échec. Nous prions et souhaitons que le grand empereur du monde nous fasse la grâce de repousser cet orgueilleux et nous serons dorénavant le serviteur obligé du grand empereur du siècle » (1).

A cette demande, le « Grand Turc » répondit ainsi :

« A toi, Français :

« qui est le roi du pays de France. »

« La Lettre que tu as adressée à ma Porte....., par Frankipan..., certaines communications verbales que tu lui as confiées, m'ont appris que l'ennemi s'est emparé de ton royaume que tu es présentement prisonnier et que tu demandes ici secours et protection..... Que ton cœur se réconforte et que ton âme ne se laisse point abattre..... A quelque objet que s'attache ta volonté, qu'elle soit exécutée !..... » (2).

François Ier délivré de la prison, la France sauvée du péril des Impériaux allemands; les premières relations, ainsi établies, continuèrent entre les deux pays. Dissimulée d'abord à la chrétienté, cette alliance sacrilège de la croix et du croissant

(1) Solakzadi Tarihi.
(2) Citée par De la Jonquière, p. 226.

devait bientôt être avouée. C'est que le roi de France voulait tirer tous les fruits possibles de la bonne disposition des Turcs.

Au printemps de 1534, Jean de la Forest arrivait à Constantinople, en qualité d'ambassadeur de France chargé d'une double mission : il devait conclure un traité d'amitié et de commerce et engager le sultan à faire la guerre, de concert avec le roi de France, à l'empereur d'Allemagne.

Jean de la Forest réussit à souhait dans sa mission : « En février 1535 fut signé un traité de paix, d'amitié et de commerce, qui parut sous la forme d'un « hatti-chérif ».

Ce traité, qui donnait au roi de France le titre de padischâh (1) et le mettait sur le pied d'égalité avec le sultan, stipulait en substance :

1. — Liberté pleine et entière pour les navires français de naviguer dans les eaux du Levant.

2. — Liberté complète de commerce de terre et de mer.

3. — Juridiction absolue des Consuls Français, tant au civil qu'au criminel, sur les sujets français.

4. — Liberté du Culte.

5. — Liberté de testament.

6. — Obligation pour les autres nations de naviguer sous pavillon français et de trafiquer sous la protection des Consuls français dans tous les pays soumis à la domination ottomane (2).

(1) Le roi de France fut le seul souverain étranger auquel les Turcs reconnurent le titre de « Padischâh » (LE COMTE DE SAINT-BRISET, *Mémoires sur l'Ambassade de la France en Turquie*, Paris, 1877.

(2) L'autre objet de la mission de l'ambassadeur de France fut également réalisée ; un traité d'alliance offensive et défensive entre la France et la Turquie fut conclu.

Henri II suivit fidèlement la politique de son frère, et une nouvelle alliance fut conclue en 1553.

Tous ces privilèges et faveurs que l'on désigne sous le nom de « Capitulations » accordés aux rois de France, furent le point de départ subit que prit le commerce français en Orient. Ce fut aussi le début de la prépondérance morale et politique de la France dans tout le Levant.

Après avoir subi un moment d'arrêt pendant les troubles religieux, l'activité commerciale et politique d'influence française devait reprendre sa prépondérance avec Colbert. Les démêlés de Louis XIV avec la Porte aboutirent, on le sait, au renouvellement des Capitulations. La France obtenait ainsi satisfaction sur la question des Lieux-Saints (1673). Les relations amicales se rétablirent alors, et la Méditerranée fut de de nouveau sillonnée de pavillons français. A tel point qu'un historien français a pu dire avec justesse : « qu'en matière de commerce l'Orient nous (aux Français) rendait le service d'un empire colonial, sans en présenter les inconvénients » (1).

Il faut ajouter toutefois que ces relations perdirent de leur caractère d'intimité d'autrefois. Louis XIV ne cessa, pendant tout son règne, de nourrir des projets de conquête sur la Turquie.

En outre, et c'est peut-être le plus important, les Turcs ne furent plus aux yeux de la plupart des successeurs de Fran-

(1) VANDAL : cité par MISCHEF, ouvrage mentionné plus haut. Il faut remarquer cependant que le pavillon français ne pouvait aucunement dépasser Constantinople qui constituait le point terminus du trafic commercial du Levant. L'accès de la mer Noire était absolument interdit à tout navire étranger. Néanmoins, on voit au XVIIe siècle deux capitulations accorder au commerce dans cette mer, à la condition toutefois que les navires porteraient le pavillon turc. Cette faveur fut accordée d'abord aux Anglais, ensuite aux Hollandais.

çois 1er qu'un simple instrument de diversion. De sorte que, quand les rois de France se trouvaient dans certains embarras, ils faisaient opérer une diversion par les Turcs contre leurs ennemis. Et le but une fois atteint, la France s'empressait de signer la paix sans plus se soucier des Turcs, ses alliés. Les Turcs n'y firent pas attention d'abord, mais bientôt commencèrent à ne plus goûter ce procédé (1).

Pour retrouver le rétablissement complet des relations cordiales entre la France et la Turquie, il faut descendre jusqu'au milieu du dix-huitième siècle, c'est-à-dire au moment de la conclusion du traité de Belgrade. Nous avons vu le rôle qu'a joué alors l'éminent diplomate français, le marquis de Villeneuve.

Parlant de cette époque et de l'ambassade de M. de M. Villeneuve, Hammer écrit : « L'influence de la France sur les affaires ottomanes ne fut jamais aussi décisive ni avant ni après, et la mission de M. de Villeneuve est assurément la plus mémorable que signale l'histoire des relations diplomatiques de la France avec la Turquie. Villeneuve, revêtu du titre éclatant d'ambassadeur extraordinaire, était à la fois l'âme, le conseil et le guide de toutes les négociations entamées à cette époque avec la Porte par les divers cabinets européens ».

C'était cette même situation que la France possèdait en Turquie au moment où la Russie et l'Autriche s'apprêtaient à lui infliger le sort de la Pologne. Nous ne pouvons pas donner à ce sujet une formule plus expressive, plus claire que celle que M. Vergonnes, ambassadeur de France à Constantinople, donnait au lendemain du traité de Kaïnardja. Il définissait l'atti-

(1) V. M. MISCHEF, *La question des Détroits et de la mer Noire.*

tude de la France dans la question turque de la manière suivante :

« Le royaume, disait-il, n'a rien à attendre d'un bouleversement de l'empire turc. Les Français y ont depuis des siècles accaparé le commerce. Leurs missionnaires y circulent à l'aise. Leurs diplomates entrent, libres et respectés, jusque dans les Conseils du sultan. Les Turcs les protègent au point de leur abandonner une sorte de protectorat sur leurs sujets et sur eux-mêmes. Traiter en ennemis des maîtres et des voisins si complaisants, c'eût été une bien grande faute. Leur prendre quelques provinces, pour abandonner aux Allemands et aux Russes toutes les autres, acquises depuis longtemps à notre commerce et à notre influence, c'eût été sacrifier la proie pour l'ombre » (1).

La France devait donc suivre sa politique traditionnelle et s'efforcer de garantir l'indépendance et l'intégrité de l'Empire ottoman.

Son commerce du Levant, qui jouissait, comme nous l'avons vu, d'une faveur sans égale, était absolument lié à cette indépendance. « Il eût été perdu, si les Russes et les Autrichiens avaient pu établir le leur, par l'expulsion des Ottomans, dans la mer Noire et dans l'Archipel » (2).

(1) E. Bourgeois, t. I., p. 448.
(2) E. Bourgeois, t. I, p. 406.

II

L'Angleterre

Sa politique orientale au dix-huitième siècle.

Il faut diviser la politique turque de l'Angleterre en deux grandes périodes : Celle qu'elle suivit jusqu'en 1784 et la politique qu'elle adopta depuis.

I. — La politique de complicité de l'Angleterre avec les ambitieux voisins de la Turquie.

Le début de XVIIIe siècle fut pour l'Angleterre une époque décisive ; elle prit par les Traités d'Utrecht, position dans le monde où elle avait ses intérêts. Elle se créa un empire maritime et colonial. Dès qu'elle se fut établie dans l'Inde (Traité de Paris 1763) la grande préoccupation de sa politique fut de s'assurer la maîtrise des passages. La Méditerranée, la Manche, la mer du Nord et même la Baltique devenaient, peu à peu, des chasses réservées de l'Angleterre : elle s'efforçait d'en exclure ses rivaux.

A cette époque, elle n'a pas encore d'inquiétude au sujet des progrès russes dans la mer Noire, de leur prétention sur Constantinople. Elle n'y voit encore aucun danger pour sa situation coloniale.

Cela s'explique par deux raisons : c'est que d'abord, les Russes, quoiqu'en progrès militairement, sont encore très arriérés au point de vue du commerce et de l'industrie. La Russie fournissait une clientèle précieuse à l'industrie anglaise, déjà en voie de développement.

C'est cet intérêt et l'insouciance des succès russes qui expliquent sa participation, si on peut dire ainsi, à la victoire que la flotte de la tsarine remporta à Tchesmé (1).

Ensuite, et c'était peut-être la raison décisive, l'Angleterre voulait triompher de sa rivale, la France. Elle était jalouse du développement du commerce et de l'influence morale française en Orient. C'était la France qui lui disputait l'Empire des Indes. « Voilà ce que les Anglais, disait Sorel, redoutaient par dessus tout, et comme la Russie était en hostilité déclarée avec la France, il en résulta en Angleterre une inévitable partialité pour la Russie ». Aussi, prit-elle le contre-pied lorsque M. de Vergennes s'efforça de réunir les peuples menacés, pour sauvegarder l'empire turc et pour en faire une digue contre les entreprises moscovites.

« Un bouleversement de l'Empire Ottoman n'était pas pour l'effrayer, si toutefois elle y trouvait sa part et le moyen de déloger la France de la position qu'elle convoitait. Si l'invasion russe lui procurait l'occasion de s'assurer les routes de l'Orient, elle ne voyait aucun inconvénient à ce que cette invasion se fît. Elle approuvait les projets de partage à condition d'y être admise ».

II. — La politique d'opposition de l'Angleterre à partir de 1784.

Comme l'Autriche ne s'adressait point à elle, comme la Rus-

(1) Ainsi que nous l'avons dit plus haut, une importante escadre russe était placée sous le haut commandement d'Elphinston, officier anglais.

sie entendait exclure l'Europe tout entière du butin, le cabinet de Londres résolut d'imposer à ces deux pays sa collaboration. Mais pour pouvoir s'imposer, il lui fallait des associés. La Prusse de Frédéric II, irritée également de se voir négligée par Catherine II, lui offrit ses services. Ainsi l'Angleterre et la Prusse essayèrent d'intimider les Russes et l'Autriche et voulurent précipiter la question d'Orient pour y prendre de force la place qu'on leur refusait, celle de la France.

C'est ainsi qu'a débuté la politique d'opposition de l'Angleterre en Orient. Elle eut sa première manifestation en 1792 où l'Angleterre, de concert avec la Prusse et l'Autriche, obligea Catherine II à signer le traité d'Iassy.

Nous verrons, dans la suite, l'Angleterre entrer dans des luttes interminables contre les Russes, dont la question des Détroits constitue la pierre d'achoppement. Pour le moment le cabinet de Londres ne pense qu'à triompher de la France.

CONCLUSION

Si la question d'Orient des temps modernes, comme le dit Albert Sorel, date de la marche menaçante des Turcs vers le centre de l'Europe ; la question des Détroits fut, au contraire, posée à partir du moment où leur recul parut effectif au traité de Kaïnardja. Jusque-là, il ne pouvait pas y avoir de pareil problème, puisque les Turcs étaient les seuls propriétaires de tous les rivages de la mer Noire. La souveraineté des sultans, soutenue par leur puissance, décidait seule de la condition de cette mer, ainsi que de celle des Détroits.

Par ce traité, ils durent partager les rives de la mer Noire et reconnaître aux Russes la liberté de passage dans les Détroits. Cette liberté tant désirée une fois obtenue, les Russes entendirent en exclure les autres puissances et regardèrent la mer Noire, à leur tour, comme une « Mer intérieure russe ».

Cette prétention touchait, d'abord et tout naturellement, au droit de souveraineté de l'Etat ottoman, à la sécurité de sa capitale.

Elle touchait ensuite aux intérêts des autres puissances.. La politique danubienne de l'Autriche, le maintien de la suprématie des intérêts économiques et de l'influence morale de la France et, enfin, la sécurité des routes de l'Inde Anglaise n'étaient évidemment pas conciliables avec une telle prétention russe.

C'est de cette opposition irréductible de vues et d'intérêts, engendrée et nourrie à la fois par la situation exceptionnelle de Constantinople et par l'impuissance de l'Empire ottoman, qu'est née la question des Détroits.

DEUXIÈME PARTIE

L'EVOLUTION DE LA QUESTION DES DETROITS

CHAPITRE PRELIMINAIRE

Les détroits, en tant que passages inter-maritimes, sont susceptibles de deux sortes d'usages, différents de caractères et de conséquences.

Ils servent, d'une part, aux relations pacifiques de toute sorte entre les membres de la communauté internationale et, à ce titre, leur ouverture sans obstacle à la navigation commerciale est une des conséquences du principe de la liberté des mers, du droit de communication et d'échange que possèdent les Etats.

Les détroits servent, d'autre part, à certaines fins politiques et, pour ainsi dire, belliqueuses, dont l'importance attire inévitablement sur ces passages l'attention particulière des puissances maritimes.

Usage à but commercial, usage à but politique, ces deux manières de se servir des voies maritimes demandent à être envisagées et réglementées différemment, car elles ne présentent pas la même nécessité pour la vie internationale, n'aboutissent pas aux mêmes conséquences.

Si l'on s'accorde assez facilement pour le passage de paisibles bâtiments de commerce, ce qui est une nécessité de la vie économique et ce qui est, de ce fait, conforme à l'intérêt de tous, y compris celui du souverain territorial, le passage de la marine militaire soulève, au contraire, de graves problèmes d'ordre politique. On se trouve en présence d'intérêts difficiles à concilier.

Cette idée trouve son application à propos de la règlementation du passage des détroits de Constantinople. Les événements politiques, eux-mêmes, se sont chargés d'amener les Puissances à établir un régime différent et même opposé pour chacune de ces deux manières de se servir des Détroits.

En effet, de 1774 à 1795, par une série de conventions particulières, passées entre la Porte et les Puissances européennes et confirmées ultérieurement dans les traités généraux, il s'est établi dans les Détroits un régime de liberté complète pour la navigation commerciale. A partir de cette époque, le passage, sans aucune entrave, est pleinement assuré aux bâtiments de commerce, soit qu'ils viennent de la Méditerranée, soit qu'ils sortent de la mer Noire.

Quant au passage des navires de guerre, sa règlementation fut l'objet d'une évolution qui continue encore et, peut-être, continuera toujours. C'est là le véritable problème des Détroits, qui touche à l'équilibre politique des grandes puissances en Orient. C'est là le point sensible dont la solution a demandé tant d'ingéniosité aux juristes, de subtilité aux diplomates.

*
**

L'évolution de ce problème paraît avoir obéi aux trois systèmes doctrinaires dont chacun correspond à une période de l'histoire.

D'abord, et jusqu'en 1841, le passage des Détroits s'est trouvé soumis à la souveraineté de la Turquie. Ce système était basé sur l'idée de faire passer les droits essentiels du souverain territorial avant les intérêts des autres Puissances.

Ensuite, de la Convention de Londres (1841) à la Convention de Lausanne (1923), c'est le système de la neutralisation qui entre en vigueur. Neutralisation prise au sens négatif, c'est la fermeture des Détroits à tous les pavillons de guerre sans distinction et cela sous la garantie collective des Puissances.

Enfin, la Convention de Lausanne vint d'inaugurer le régime de l'internationalisation, c'est-à-dire l'ouverture des Détroits, sous la surveillance de la Société des Nations, à la marine militaire de toutes les Puissances sans exception.

Réservant l'examen de ce dernier régime à notre troisième partie, nous nous proposons d'étudier les deux premiers dans les chapitres suivants.

CHAPITRE PREMIER

Les Détroits sous la Souveraineté Ottomane

I

L'Apogée de l'Autorité du Sultan.

La période durant laquelle les Détroits se trouvèrent placés sous l'autorité du sultan présente deux époques bien distinctes. La première est celle où la souveraineté ottomane fut complète et exclusive, tandis que dans la seconde elle ne fut en fait et en droit qu'une souveraineté restreinte.

Rappelons brièvement les indications que nous avons eu l'occasion de donner antérieurement en ce qui concerne la première époque, pour nous arrêter plus longuement sur la seconde.

Du XVe jusqu'à la fin du XVIIIe siècle, les sultans restèrent les souverains absolus des Détroits, en ce qui concerne les passages de la marine militaire étrangère. Il ne fut aucunement question de ce passage, ni dans les traités de Kaïnardja et d'Iassy ; ni dans les conventions postérieures qui établirent le régime de l'ouverture des Détroits à la navigation marchande. On était unanime à reconnaître que la fermeture du Bosphore et des Dardanelles étant une des règles fondamentales du droit public ottoman, il ne devait pas être mis en question que c'était les sultans seuls qui pouvaient y apporter des exceptions suivant les intérêts de leur empire.

En fait, les événements obligèrent les sultans à recourir à ces exceptions qui soulevèrent les susceptibilités et protestations de certaines Puissances dont l'intérêt se trouvait intimement lié à la fermeture du passage.

Ces protestations doivent trouver leur formule la plus rigoureuse dans la Convention des Détroits, laquelle substitue à l'autorité exclusive de la Turquie celle de la collectivité des Puissances.

Il faut voir maintenant comment et dans quelles circonstances s'est produite la nécessité qui a amené les sultans à ouvrir exceptionnellement le passage à certaines Puissances et, de ce fait, à consentir à la restriction de leur souveraineté.

II

La Régression Progressive de la Souveraineté Ottomane

Les rapports entre la Turquie et la Russie à la fin du XVIIIe siècle. — Traité Russo-Turc. — Le succès de la diplomatie anglaise. — Traité Anglo-turc (1797-1809).

I

A la fin du XVIIIe siècle la politique russe se trouvait tout indiquée par les traités de Kaïnardja et d'Iassy qui montraient, par voie de conséquence, ce qui devait être à l'avenir le plan d'action du Cabinet de Pétersbourg. En effet, les avantages acquis par ces traités ne pouvaient être considérés par la Russie ni comme définitifs, ni comme suffisants.

La liberté de passage qu'elle venait de s'assurer dans les Détroits n'avait rien de stable ; elle dépendait des maîtres du passage, et par suite, le commerce russe se trouvait à la merci de la politique, des intrigues compliquées des autres puissances à Constantinople. Ils n'étaient pas non plus suffisants car les autres Etats européens acquirent, eux aussi, les mêmes privilèges commerciaux dans la mer Noire.

Comme nous savons qu'aux yeux des Russes la mer Noire n'est plus désormais, pour eux, qu'un domaine national, ils doivent par conséquent chercher un chemin sûr pour la relier au reste du monde en en interdisant toutefois l'accès aux autres.

Telle est la politique russe qui sera ainsi formulée par Danilevski : « Le droit pour les vaisseaux de guerre russes de passer librement de la mer Noire à la Méditerranée, n'est que le droit (pour la Russie) de sortir de sa cour intérieure au monde extérieur ; le droit pour les navires de guerre des autres puissances d'entrer librement dans la mer Noire n'est que le droit d'envahir notre cour et notre maison, uniquement pour les piller » (1).

Il fallait donc des garanties. Par quel moyen la Russie pouvait-elle avoir ces garanties ? Etait-ce en employant la force, ou devait-on, au contraire, préférer l'amitié et l'alliance de la Turquie, ce qui aurait permis à la Russie d'exercer une influence prépondérante sur les rives du Bosphore ? Dans ce dernier cas, est-ce que les autres puissances n'allaient point prendre

(1) DANILEVSKI, *Sur le Panslavisme*, cité par M. MISCHEF, p. 669.

ombrage de cette situation exclusivement favorable à la Russie ?

Graves problèmes qui se posent pour l'avenir et cependant toute la question d'Orient est là.

La Russie, suivant les circonstances, aura recours à ces deux procédés, elle deviendra tour à tour amie et ennemie de la Porte ; mais sa politique se dirigera toujours et invariablement vers le même but : dominer la Turquie. Elle se trouvera toujours aussi en présence des intérêts des puissances occidentales dont le rôle principal consistera à suspecter la Russie dans les deux cas et à prendre des précautions, afin de contrecarrer ses visées.

La plus grande amie ou ennemie de la Turquie, la Russie, préféra d'abord la première tactique : Turcs et Russes deviennent amis, à tel point qu'il n'y a plus de secret, à Constantinople, pour les agents du tsar.

Ce sont les faits qui peuvent nous éclairer sur la raison et sur le résultat de cette nouvelle orientation de la politique moscovite.

II

Ce revirement de la politique russe se manifesta avec l'avènement de Paul Ier et vers les dernières années du XVIIIe siècle.

Monarque se disant pacifique, Paul Ier veut avant tout procurer à son pays, écrasé sous le poids d'incessantes guerres, la paix et le repos ; à son armée, désorganisée et fatiguée, rénovation et vigueur. Il faut rester fidèle à cette politique tant que les intérêts vitaux de la Russie ne se trouveront menacés.

Il était inquiet cependant du désordre de l'Europe et ne demandait pas mieux que de coopérer à sa tranquillité, mais d'une manière pacifique. A cet effet, il voulut un rapprochement avec le Directoire tant qu'il crut que celui-ci était animé du même désir. Le jour où il eut la conviction que les membres du Directoire, ou du moins les plus influents d'entre eux, étaient loin de souhaiter la paix, un changement de politique lui parut nécessaire.

Seul monarque capable de défendre la cause des monarchies menacées par la Révolution, Paul Ier entreprend leur défense, mais en le faisant il ne pense qu'à ses propres intérêts. Le défenseur bénévole avait des griefs contre le Directoire, lequel, par le traité de Campo-Formio (1797) venait d'annexer à la France les îles Ioniennes, ce qui compromettait, pensait le tsar, les intérêts vitaux de la Russie en Orient. N'était-il pas évident que l'établissement des Français sur les côtes de la mer Egée présageait la ruine du commerce russe dans la Méditerranée ?

L'activité de la France dans cette mer visait d'ailleurs un autre but plus menaçant encore. Bonaparte définissait clairement ce but lorsqu'il écrivait, de Milan, au Directoire : « Les Iles de Corfou, Zante... », — disait-il — « sont plus intéressantes pour nous que toute l'Italie ensemble. L'empire des Turcs s'écroule tous les jours : la possession de ces îles nous mettra à même de le soutenir autant que ce sera possible, ou d'en prendre notre part ».

L'établissement définitif de l'influence française dans l'Empire ottoman ne concordait point avec les visées de Petersbourg, car une pareille éventualité serait en toute évidence la fin de sa politique séculaire. Le commencement de renaissance qui se manifesta, sous le règne de Sélim III, n'avait pas manqué d'éveiller déjà chez le Tsar un sentiment de jalousie, d'autant plus que c'était la France qui, avec ses ingénieurs et ses instructeurs, s'était mise à la tête de ce mouvement de rénovation.

En effet, Sélim III, jeune sultan d'un esprit éclairé et d'une volonté ferme, s'efforçait, depuis son arrivée au pouvoir (1789) de tirer l'empire de son abaissement et de le relever de ses ruines. Suivant la tradition, il s'était adressé à la France : sous la direction du Général Aubert du Bayet un corps d'ingénieurs, d'officiers, d'instructeurs, de soldats, qu'il avait amenés avec lui de France, travaillait à cette œuvre de relèvement.

III

Nous comprenons maintenant pourquoi Paul Ier préféra la politique d'amitié et d'alliance avec la Turquie. C'était simplement un changement de moyen : la ruse à la place de la violence. C'était une autre façon de dominer et de soustraire la Turquie à toute autre influence.

Mais il fallait à la Russie prouver son amitié, montrer qu'elle était bien sincère. Sans cette preuve rien ne pouvait changer la légitime méfiance de la Porte. C'est Bonaparte qui, avec sa politique personnelle et fautive, va lui fournir l'occasion attendue.

Dès l'arrivée de la nouvelle des préparatifs de Toulon, les Russes se mettent immédiatement en activité dans la mer Noire, à Sébastopol. Y voyant d'abord une menace directe pour leurs intérêts, ils s'inquiètent sérieusement. Mais ils se rassurent bientôt : la flotte de Toulon au lieu de se diriger vers la mer Egée, comme on s'y attendait à Petersbourg, prend la direction de Malte et, après l'avoir occupée, descend vers les eaux de l'Egypte.

Si cette nouvelle calme les diplomates du bord de la Néva, elle cause une vive sensation sur la rive du Bosphore. Cette expédition signifiait que la France du Directoire, guidée par la grande ambition de Bonaparte, renonçait à sa politique de soutien, politique traditionnelle de la monarchie, et venait de décider qu'elle « devait non seulement prendre sa part dans le démembrement de l'Empire, mais se la faire à l'avance », toute seule « et sans la participation de l'Europe ».

La surprise fut grande à la Sublime-Porte. Les agents diplomatiques de la France à Constantinople furent cependant chargés de persuader au sultan que le Directoire ne voulait pas lui prendre une de ses plus riches provinces ; il voulait simplement châtier les Mameluks qui avaient été très indociles à son égard. Sans l'instigation des Anglais et avec la très grande influence du général Aubert du Bayet, ambassadeur de France qui venait de mourir, le sultan aurait peut-être été convaincu. Mais les explications assez embarrassées du chargé d'affaires du Directoire et l'activité du Cabinet de Londres, qui ne laissa point échapper cette occasion de rompre les relations de la Porte avec la France, poussèrent Sélim III au geste suprême : il fit appel aux Russes.

Est-il besoin d'ajouter que le tsar était tout disposé à accueillir cet appel avec d'autant plus d'enthousiasme qu'il lui procurait l'occasion, non seulement d'éloigner les Français de l'Orient, ce qui aurait été un résultat négatif pour lui, mais aussi celle de créer dans les Détroits des précédents qui pouvaient donner naissance à des droits.

Aussi, l'appel de Sélim III fut-il vite entendu. La flotte du Tsar, qui rôdait déjà devant l'entrée du Bosphore, passa le détroit et vint jeter l'ancre dans la Baie de Beuyuk-Déré. Elle devait bientôt traverser les Dardanelles pour rejoindre la flotte ottomane. En attendant, on tient à Constantinople des conférences afin d'envisager et fixer les bases d'une action commune. Après de longues délibérations on aboutit à la conclusion d'un traité d'alliance, signé le 3 janvier 1799.

Dans ce traité les deux parties contractantes s'engageaient mutuellement à se prêter aide et assistance contre tout ennemi commun, et cela, dans un but purement désintéressé. Les parties s'alliaient « uniquement pour défendre l'intégrité de leurs possessions réciproques... ainsi que pour maintenir l'équilibre politique entre les Etats... »

C'est là la partie publique. Les dispositions secrètes du traité sont plus intéressantes, car le véritable but de l'alliance y est mieux défini et prend une signification pratique. C'est la France qu'on y visait. La Russie s'engageait à fournir à la Porte une flotte de 12 vaisseaux de ligne et, au besoin, un corps d'armée de 75 à 80 mille hommes.

De plus, et c'est là le point important, la Porte « consentait pour cette fois seulement, au libre passage des vaisseaux de guerre russes à travers le Bosphore et les Dardanelles ».

C'était, nous le savons, le but même de l'action russe. « Il s'agissait, en effet, pour les Russes » — écrit M. Pisani, « de pénétrer avant tout dans les Détroits... », d'y établir des précédents, « l'intervention provoquée par les progrès des Français n'était qu'un prétexte heuousement inventé ».

L'expédition d'Egypte ne fut pas un point sensible seulement pour les Russes, elle le fut encore et au plus haut degré pour l'Angleterre. Pendant que l'amiral russe Ucgakoff, recevait l'ordre de se diriger vers la mer Egée, Nelson s'apprêtait à arrêter la flotte française dans le Golfe du Lion. Le sort paraissait unir pour la première fois Russes et Anglais. Leur cause avait du moins l'apparence d'être commune : atteindre les forces de Bonaparte. Cependant il n'y avait pas encore entre eux un acte d'union ; les uns et les autres hésitaient à former une alliance.

Profitant de ces délais d'hésitation Bonaparte s'installa en Egypte.

Le résultat que la France semblait obtenir dans cette entreprise lointaine ne manqua pas de produire l'effet prévu. L'Angleterre, plus qu'aucune autre puissance, s'en effraya. Le Tsar consentit à conclure un premier acte d'union (29 décembre 1799) auquel la Porte accéda le 3 janvier.

Quelle étrange alliance que celle que venaient de former ces trois puissances ! Il fallait vraiment la politique de Bonaparte pour que la Turquie, malheureuse victime du colosse du Nord, se jetât ainsi dans les bras de son adversaire séculaire. Il fallait les vues chimériques de Bonaparte pour que les Russes se fussent ainsi ralliés aux Anglais, dont le but n'était autre que d'avoir la maîtrise de la Méditerranée.

Quoi qu'il en soit, le souci commun d'écarter les Français du grand marché des terres et des peuples en Orient, comme le dit A. Sorel, réunissait Russes et Anglais auxquels se confiait la Turquie, vieille protégée de la monarchie française. Mais un même souci va les séparer.

Après la victoire de Nelson dans la Méditerranée, d'Uczakoff dans la mer Egée, Bonaparte ne pouvant sauver ni les Iles Ioniennes, ni l'Egypte, n'avait plus qu'à rentrer : la flotte de Bruix, envoyée par le Directoire, le ramène en France. La question d'Orient parut un moment apaisée.

IV

La politique d'amitié avec la Turquie avait donné au Tsar le fruit qu'il en espérait : il était maître à Constantinople, son influence auprès des ministres ottomans ne connaissait plus de borne. Pendant les hostilités sa flotte avait passé et repassé plusieurs fois par les Dardanelles. Il réservait à l'avenir les arguments qu'il comptait tirer de ce fait.

Pourtant le Tsar se vit obligé, encore une fois, de changer de politique, et cela pour les raisons que voici : il commençait à s'inquiéter de la prétention des Anglais dans la Méditerranée, depuis surtout qu'ils s'étaient rendus maîtres de Malte.

L'hégémonie anglaise dans cette mer constituait une menace directe contre la politique russe de Constantinople. Aussi le Tsar pensa-t-il à se détacher de la coalition pour se rapprocher de Bonaparte dont les vues sur l'Orient ne manquait pas de caresser son ambition. « L'empire ottoman », écrivait Bonaparte, à Talleyrand, le 1er juin 1800, « n'a plus longtemps à exister, et si Paul Ier tourne ses vues de ce côté, nos intérêts deviendront communs ».

Mais avant de se décider et d'opter pour la France, Paul Ire prie le chancelier de l'Empire, Rostopchine, de lui présenter un rapport sur la situation générale en Europe, et sur la politique à suivre à l'égard de la Turquie.

Dans son rapport à l'Empereur, Rostopchine, après avoir exposé la situation des Puissances Occidentales et leurs rapports avec la Russie, envisage et propose le partage de la Turquie, « malade incurable ». Il préconise même la part de chacun : A la France, l'Egypte ; à la Russie, la Moldavie et la Valachie, la Bulgarie, la Roumélie et, enfin, Constantinople ; à l'Autriche, la Bosnie, la Serbie, la Macédoine ; la Grèce et les Iles seraient une république indépendante (2 octobre 1800). Ainsi la Russie revient une fois de plus au principe du partage.

La réalisation de ce dessein exigeait un certain préliminaire : réduire l'Angleterre à l'impuissance pour se débarrasser de sa gène dans la Méditerranée. Et, pour y parvenir, il fallait conclure la paix.

La paix franco-russe est signée à Paris le 8 octobre 1801, et celle avec la Turquie, après les préliminaires de Paris du 9 octobre 1801, est rétablie par le traité de Paris (25 juin 1802).

Dans le traité avec la Turquie, la France restituait au Sultan l'Egypte évacuée, les Iles Ioniennes, qui passaient sous le double protectorat du sultan et du tsar, garantissait l'intégrité de l'empire, obtenait la confirmation des capitulations de 1740 et le droit de naviguer dans la mer Noire.

La paix conclue avec la France, la Russie n'attendait plus que le moment de mettre à exécution le plan de Rostopchine. Mais il tomba dans l'oubli par suite de la mort de Paul Ier. Son successeur, évitant de se précipiter dans de pareilles aventures revient à la politique d'alliance avec la Turquie. Alexandre Ier, exprimant une idée de Montesquieu, dit lui-même, dans les instructions qu'il donne à son ambassadeur à Vienne, qu'étant un voisin inoffensif il entend garder l'Empire ottoman contre toute velléité de partage. Sa disparition y est-il dit, pouvant amener à la Russie des voisins dangereux.

Du reste, la politique d'alliance ne venait-elle pas de donner à la Russie tous les fruits qu'elle en attendait ? Grâce à cette politique d'amitié, elle avait obtenu ce que des guerres sanglantes n'avaient pu lui donner. Elle avait obtenu notamment, quoique provisoirement, le droit pour sa flotte de passer librement par les Détroits (Traité de 1799 renouvelé en 1805). C'était donc le meilleur chemin à suivre jusqu'au bout.

Cette politique cependant présentait un inconvénient qui en faisait un danger redoutable. C'est qu'on pouvait également craindre le cas où la Turquie, comme tous les Etats faibles, chercherait à se mettre à l'abri d'un puissant adversaire pour se soustraire à l'influence russe.

C'est ce qui devait arriver : Napoléon, devenu l'adversaire acharné d'Alexandre Ier, précisait sa politique d'Orient. Ses instructions à Sebastiani, qu'il envoie à Constantinople, sont formelles et dictées par lui-même : « 1°. Inspirer confiance et sécurité à la Porte ; 2°. La France ne veut que la fortifier ; 3°. Triple alliance entre moi, la Porte et la Perse contre la Russie..... ; 7°. Fermer le Bosphore aux Russes, fermer tous les ports ; 8°. Je ne veux point partager l'empire de Constantinople, mais raffermir et consolider ce grand empire et m'en servir tel qu'il est comme opposition à la Russie ». (20 juin 1806) (1).

Le but de l'ambassade du général Sébastiani, était donc de gagner l'amitié du sultan et de l'entraîner dans la guerre contre la Russie.

Sébastiani réussit pleinement dans sa mission : la Porte destitue les voïvodes de Valachie et de Moldavie, créatures du tsar, et l'empereur Alexandre répond à ce geste par l'occupation de ces principautés. La guerre était déclarée (2).

(1) Ancel, *Question d'Orient*, p. 57.

(2) On peut se demander si la politique d'amitié de Napoléon avec la Porte n'était pas en somme le procédé plus d'une fois pratiqué par la

L'Angleterre ne manque pas l'occasion : elle fait une tentative hardie pour arracher la Porte à l'Alliance de Napoléon. A cet effet, une escadre anglaise menace les Dardanelles et l'ambassadeur, Sir Arbuthnat, remet au Grand vézir l'ultimatum suivant :

1°. Alliance de la Porte avec la Russie et l'Angleterre ;

2°. Remise immédiate à l'Angleterre de la flotte ottomane, des forts et des batteries des Dardanelles ;

3°. Cession de la Moldavie et de la Valachie, à la Russie.

4°. Expulsion du général Sébastiani et déclaration de guerre à la France.

N'ayant pas obtenu satisfaction l'amiral anglais, franchissant les Dardanelles, le 20 février 1807, menaçait la capitale ottomane.

Au milieu de la terreur et de la confusion, Sébastiani s'efforçait de relever le courage des ministres. Il y parvint : Selim III se décide à défendre sa capitale, il se met à la tête des travaux... de fortification, dirigés par les soins de Sébastiani. La ville est armée en cinq jours, des vaisseaux de guerre sont placés à l'entrée du Bosphore. L'occasion manquée, l'amiral anglais n'osa pas attaquer et, craignant de se voir fermer les Dardanelles, battit en retraite. Malheureux aussi dans leur campagne d'Egypte, les Anglais, par leur défaite, contribuèrent à resserrer l'alliance entre le sultan et Napoléon.

Monarchie, de se servir de la Turquie comme un simple instrument de diversion. A l'époque où nous sommes il avait grandement besoin d'une diversion des Turcs contre les Russes. Mais nous verrons qu'une fois satisfait, Napoléon ne se souciera plus de la Turquie.

V

Mais cette alliance ne devait pas durer : à la suite de la victoire décisive de Friedland (1807), Alexandre Ier sollicita une entrevue avec l'Empereur français, elle eut lieu à Tilsitt. C'est surtout la question d'Orient qui fut agitée entre les deux empereurs. Après avoir surexcité les Turcs contre les Russes, Napoléon allait fonder son système politique sur l'alliance russe, si bien que la nouvelle de la chute de Selim III et de la révolution au palais de Constantinople lui fit dire au tsar : « C'est un décret de la Providence qui m'annonce que l'Empire Turc ne peut plus exister ».

Dans le traité d'alliance on stipulait que si la paix ne se rétablissait pas dans les trois mois entre la Russie et la Porte, la France ferait cause commune avec la Russie et les deux hautes parties contractantes s'entendraient pour arracher à la Porte toutes ses possessions en Europe, « la ville de Constantinople et la province de Roumélie exceptées » (art. 8). L'ambassadeur français à Pétersbourg, M. de Caulaincourt, fut chargé, peu après, de négocier sur le partage de l'Empire ottoman. Caulaincourt et Roumiantzof se mirent vite d'accord sur le sort de la péninsule des Balkans. Il fut plus difficile de s'entendre sur la ville de Constantinople et les Détroits. Le tsar « voulait absolument cette ville ; il n'admettait pas le partage sans elle ; elle en était la raison d'être. il lui fallait aussi les Détroits qui sont la porte nécessaire au développement économique de la Russie vers la Méditerranée ». Caulaincourt céda sur Constantinople, mais à condition que la France aurait les Dardanelles : il y a deux clefs qui ouvrent la mer Noire, le Bosphore et les Dardanelles. Il était juste que la Russie et la France eussent chacune la sienne. A quoi Roumiantzof objectait que la mer Noire est aux Russes, non à la France, et qu'il ne pouvait leur convenir de remettre l'une des clefs de leur maison à un étranger, fut-il un ami, en matière politique la confiance ne peut aller jusqu'à cet excès de naïveté (1).

« Napoléon ne pouvait se résoudre à ouvrir la Méditerranée à la Russie, il comprenait clairement la gravité d'une pareille concession : il ne le fit pas. »

Après de longues discussions on remit la question du partage à une nouvelle entrevue, laquelle du reste, n'eut pas lieu (2).

VI

Cet aperçu rapide sur les événements politiques qui, durant des années, ne laissèrent pas à la Turquie le temps de respirer ni de se recueillir, suffit à nous éclairer sur les motifs de la convention, conclue entre la Turquie et l'Angleterre et qui eut comme conséquence de restreindre pour la première fois, la souveraineté ottomane sur les Détroits.

Au milieu des troubles et des révolutions, la Porte, abandonnée par Napoléon, menacée sans cesse dans sa capitale par les Moscovites, sentit la nécessité urgente de se mettre à l'abri des coups de force. Pour assurer la sécurité de Constantinople et la fermeture des Détroits, dont l'expérience venait de montrer l'inefficacité ; le meilleur moyen, c'était de les mettre en état de défense sérieuse, capable de repousser l'escadre qui tenterait de

(1) A. Vandal, *Napoléon et Alexandre Ier*, t. I, à l'appendice.
(2) E. Driault. *La question d'Orient*, p. 93.

les forcer. Mais cela exigerait des travaux longs et coûteux auxquels les finances de l'Etat n'étaient pas en mesure de faire face. La Porte crut alors trouver « des garanties sérieuses en faisant élever... des forteresses diplomatiques (1). Elle fit appel à l'Angleterre et conclut avec elle, le 5 janvier 1809, un traité dont l'article 11 est ainsi conçu : « Comme il a été de tous temps défendu aux vaisseaux de guerre d'entrer dans le Canal de Constantinople, savoir dans le Détroit des Dardanelles et dans celui de la mer Noire, et comme cette ancienne règle de l'Empire ottoman doit être observée, dorénavant, en temps de paix, vis-à-vis de toute puissance quelle quelle soit, la Cour britannique promet elle aussi de se conformer à ce principe » (2).

Cette disposition du traité est d'une importance particulière, car c'est la première fois que « cette ancienne règle de l'Empire ottoman » se trouve insérée dans un acte international. Jusqu'ici, la fermeture des Détroits aux bâtiments de guerre étrangers, n'était qu'un acte de gouvernement, une sorte de mesure de police maritime, prise par la Porte dans la plénitude de sa souveraineté. Elle les tenait fermés suivant son intérêt, les ouvrait à telle ou telle puissance selon ses commodités. En procédant de la sorte, la Turquie n'avait de compte à rendre à personne. Etant le seul maître des deux rives de chacun des Détroits, elle avait parfaitement le droit de prendre telle mesure qui lui convenait.

Mais la Turquie avait devant les yeux la dernière démonstration de la flotte anglaise. Elle savait, par conséquent, que son droit ne serait rien si elle n'avait le pouvoir de le faire res-

(1) M. Mischef, p. 236.
(2) F. Martens, *Recueil des Traités*, t. II.

pecter. La nature et l'étroitesse des détroits lui permettaient d'y exercer une domination entière ; mais pour qu'elle fût effective, il fallait ajouter à la nature le travail de la main de l'homme. Or, comme la Turquie n'était pas en état d'effectuer les travaux nécessaires, elle s'engageait, envers l'Angleterre à tenir les Détroits fermés afin d'obtenir de cette puissance la promesse de respecter « cette ancienne règle de fermeture ».

L'engagement de l'Angleterre impliquait cependant une atteinte à la souveraineté de la Turquie, car elle n'était pas aussi libre qu'avant 1809 et devait rendre compte de ses actes souverains à la Cour britannique. Si l'Angleterre devait respecter la fermeture des Détroits, ce n'était qu'autant que ce régime serait appliqué aux autres Puissances, sans exception. La Porte ne pouvait plus exercer ses droits souverains sans courir le risque d'une intervention anglaise.

On se trouve donc en présence d'un engagement contractuel entre les deux pays, par conséquent, ce traité ne pourrait produire aucun effet juridique quant aux autres Puissances. Cependant, comme la Turquie prenait l'engagement d'observer le principe de la fermeture des Détroits à l'égard de toutes les autres puissances, et comme elle ne pouvait pas effectivement les fermer, elle n'avait d'autre moyen que de conclure des conventions avec celles-ci pour leur faire accepter le principe en question. Il faut ajouter qu'il y avait un intérêt européen à couvrir la capitale de la Turquie contre des violences. C'est l'Angleterre, qui, signant le Traité de 1809, venait de donner l'exemple.

Désormais on chercha à généraliser cette nouvelle façon de tenir fermés les Dardanelles et le Bosphore.

Ainsi la mesure administrative ou de police maritime devient un engagement contractuel d'abord, un engagement contractuel et collectif, ensuite, puisqu'à côté et au-dessus des intérêts de la Porte, viennent se greffer les intérêts proprement européens.

C'est pour cette raison qu'on est en droit de considérer le traité de 1809 comme étant le noyau de la Convention des Détroits de 1841 (1).

En somme, l'acte de 1809 est le produit d'une double inquiétude : inquiétude de la Turquie au sujet de la sécurité de sa capitale ; inquiétude de l'Angleterre au sujet de la politique persévérante de la Russie pour dominer les Détroits. Par ce traité, l'Angleterre crut les avoir fermés ; mais les événements ne tarderont pas à montrer combien elle se faisait illusion. La porte de la Méditerranée sera bientôt de nouveau ouverte aux Russes.

* *
*

(La Victoire de la Diplomatie Russe)

La politique de Nicolas Ier à la suite de la paix d'Andrinople. La crise égyptienne et le traité de Hunkar-Iskelessi (1829-1833).

I

On sait qu'au Congrès de Vienne, où les diplomates se proposaient de réorganiser l'Europe bouleversée par Napoléon, personne n'avait osé toucher la passionnante question d'Orient.

(1) Pour plus de détails, voir Goriainow.

Toutefois Alexandre Ier, fier des services qu'il venait de rendre aux victimes de l'empereur français, songea à profiter de l'instant favorable et de la bonne disposition des monarques à son égard : il fonda la « Sainte-Alliance ». Inspirée par son mysticisme, mais destinée dans la pensée intime du tsar à servir ses dessins en Orient, cette institution ne lui donna pas le fruit qu'il en attendait, car l'Angleterre et l'Autriche ne se laissèrent pas séduire. Devant cet échec, il eut recours aux procédés traditionnels. C'est alors que l'on assiste à des spectacles douloureux d'insurrections et de révolutions des peuples balkaniques : le soulèvement des Serbes, des Roumains suivi par celui des Grecs, aboutit à la reconnaissance de l'indépendance de ces derniers.

Au milieu de ces troubles sanglants, le sultan Mahmoud II s'efforçait avec une énergie suprême, à reprendre l'œuvre de la réformation de l'empire, commencée par son cousin, Sélim III. Comme ce dernier, il fut cruellement arrêté en chemin : les Russes se jetèrent sur l'empire pour étouffer sa tentative de régénération et lui firent signer l'humiliante paix d'Andrinople (1829).

Croyant à la toute prochaine dislocation de l'Empire ottoman, le tsar Nicolas Ier, successeur d'Alexandre Ier, convoqua, au lendemain de ce traité, un comité composé de grands hommes d'Etat, afin d'envisager, une dernière fois, le sort de cet empire, et discuter les mesures à prendre. Ce comité était chargé de résoudre les points suivants : 1° Fallait-il porter le coup fatal à l'empire turc : 2° S'il venait à tomber de lui-même, quelle attitude conviendrait à la Russie.

Après de longues et laborieuses discussions, le Comité arriva enfin à conclure, dans une séance présidée par l'empereur lui-même, au maintien de la Turquie, sa chute étant contraire aux vrais intérêts de la Russie. Mais si l'heure suprême venait à sonner, « le gouvernement russe serait tenu de prendre les mesures les plus énergiques pour que l'accès de la mer Noire ne tombât point entre les mains d'une puissance quelconque ».

Ces conclusions vont désormais servir de directive à la politique des tsars en Orient. Ils ne chercheront plus de conquêtes en Turquie et auront une conduite de domination pacifique. Ils veilleront jalousement à la conservation de la Turquie ; mais s'efforceront d'établir sur les rives du Bosphore leur influence exclusive.

En somme, Nicolas Ier reprend le premier projet de son prédécesseur, Paul Ier, et revient à la diplomatie amicale, inspirée par les seuls intérêts russes.

Le cabinet de Pétersbourg s'applique à gagner l'amitié des Turcs, et, exploitant la crédulité du sultan, à s'assurer la complète confiance de celui-ci. Le comte Orloff, ambassadeur extraordinaire du tsar à Constantinople, est l'instrument habile de cette nouvelle diplomatie. Il arrive à convaincre le sultan de la complète sincérité des sentiments amicaux et bienveillants du tsar. Celui-ci était disposé à prouver la sincérité de son amitié. Il s'excusait de ne pouvoir agréer le grand désir du sultan au sujet de l'indépendance grecque, mais lui accordait en revanche une diminution de l'indemnité, imposée à la Turquie par le Traité d'Andrinople, et renonçait à l'occupation temporaire des principautés danubiennes, stipulée au même traité. Ayant ainsi débuté, cette politique d'amitié pour mieux dominer la Turquie va trouver sa manifestation la plus éclatante dans l'occasion fournie par la crise égyptienne.

II

I. — Le pacha d'Egypte, Cavalali Mehmed-Ali, était l'un des vassaux du sultan qui aspirait le plus à l'indépendance. D'une énergie et d'un courage supérieurs, ce pacha avait, en peu de temps, réalisé de considérables progrès en Egypte. Il avait transformé son gouvernement et créé une puissante armée, organisée et équipée à l'européenne, pourvue d'un matériel perfectionné. L'ambitieux Mehmed-Ali attendait l'instant propice pour jeter le masque et conquérir son indépendance.

Les embarras causés au sultan par la résistance que les éléments fanatiques de l'empire soutenaient contre les réformes, lui parurent le moment d'agir. Il commença par refuser de payer le tribut arriéré de plusieurs mois, arguant que les sacrifices qu'il s'était imposés pendant la guerre d'indépendance grecque, où le sultan l'avait appelé à son secours, en étaient largement l'équivalent. Il trouva enfin, son dernier prétexte dans ses démêlés avec le gouverneur d'Acre, Abdoullah pacha.

Mehmed-Ali expédia une armée, commandée par son fils, Ibrahim pacha, en Syrie (1831). Le sultan lui ordonna de rappeler ses troupes et de lui soumettre son différend avec Abdoullah pacha. Devant son refus, l'armée du sultan marcha contre les Egyptiens qui la mirent en déroute. Une nouvelle armée expédiée d'urgence par la Porte n'eut pas un sort plus heureux : 30.000 Ottomans restèrent sur le champ de bataille de Koniah ; le serasker Réschid pacha fut prisonnier d'Ibrahim (21 décembre 1832). Dès lors, le vainqueur était libre de marcher sur Constantinople, rien ne pouvait l'arrêter.

Telle était la situation à la fin de 1832. Le vassal semblait avoir en main la destinée de l'Empire ottoman. Les exigences de Mehmed-Ali prenaient une ampleur démesurée. Il ne s'agissait plus de la question d'hérédité du pachalik de l'Egypte et de la Syrie, mais de substituer une dynastie à une autre et de reconstituer l'empire arabe. C'est ce qu'il était du reste conseillé à Ibrahim par son entourage européen qui l'incitait à précipiter sa marche sur Constantinople.

C'est pourquoi cette querelle entre suzerain et vassal, qui aurait du être circonscrite dans la sphère d'une guerre de rébellion, ralluma les passions et donna lieu à des agitations fiévreuses, à des calculs et des intrigues en quatre coins de l'Europe.

Dès les premiers succès d'Ibrahim en Syrie, le cabinet de Saint-Pétersbourg s'émut. La conservation de l'empire et de la dynastie ottomans lui parut plus nécessaire que jamais. Aussi le tsar prend-il ses dispositions pour défendre Constantinople avant qu'Ibrahim n'y arrive : le consul russe d'Alexandrie fut rappelé et la flotte de la mer Noire mobilisée. Dans son effroi, Mahmoud II accepta le secours que lui offrait Nicolas Ier, car « au risque d'être étouffé plus tard, disait le sultan, un homme qui se noie s'accroche à un serpent ». Après la perte de Konia, Mahmoud n'hésita plus : il demanda au tsar de le secourir et de l'aider à défendre sa capitale (21 janvier 1833). Le général russe, Mouravieff reçoit l'ordre de sommer Mehmed-Ali, sous menace de guerre, d'arrêter Ibrahim et une escadre russe vient mouiller dans le Bosphore. En mars 1833, les soldats du tsar débarquaient à Hunkar-Iskélessi, en face de Constantinople.

La nouvelle de l'apparition des Russes sur le bord du Bosphore alarma les cabinets de Paris et de Londres. La France avait déjà envoyé à Constantinople un homme d'action, l'amiral Roussin, avec mission d'empêcher les Russes de s'installer au Bosphore et de convaincre la Porte de l'opportunité d'une entente directe avec Mehemed-Ali. L'Angleterre inquiète des progrès du pacha d'Egypte, redoutant un protectorat français sur l'Egypte autant qu'un protectorat russe sur les Détroits, s'arrangea pour rendre inutile le secours russe en arrêtant l'avance égyptienne.

Finalement, sous la pression des Anglais et des Russes, Ibrahim signa les préliminaires de paix à Konia et, un peu plus tard, la paix définitive de Kutahia, qui donnait à Mehemed-Ali, la Syrie et Adana (5 mai 1833). Ainsi la crise égyptienne se terminait, mais le comte Orloff restait à Constantinople.

II. — Les instructions données au Comte définissaient strictement son programme d'action. Il devait, entre autres, « décider la Porte à placer dans l'appui de l'empereur une confiance absolue, et légitimer ainsi aux yeux de l'Europe notre assistance matérielle (l'assistance de la Russie), ainsi que la position militaire que nous (la Russie) prenions en Turquie ; combattre l'influence de la France à Constantinople, avec énergie et habileté sans provoquer inutilement une rupture ouverte..., etc. »

L'ambassadeur russe s'appliqua fermement à l'accomplissement de sa mission. Il arriva à convaincre le sultan que la paix conclue n'étant qu'une trêve et que ne pouvant espérer aucun appui de l'Angleterre ni de la France, l'empire ottoman n'a qu'un seul moyen de salut, l'alliance russe. Le 8 juillet, à Hunkar-Iskélessi, sous la protection des troupes russes, Mahmoud II signait le traité d'alliance, c'est-à-dire qu'il se mettait en quelque sorte sous le protectorat russe.

Dans les articles patents de ce traité on proclamait l'alliance sur la base de réciprocité et on précisait le protectorat : « L'empereur de Russie, dans le cas où les circonstances, qui pourraient déterminer de nouveau la Sublime-Porte à réclamer l'assistance navale et militaire de la Russie, viendraient à se présenter, promet de fournir par terre et par mer, autant de troupes et de forces que les deux hautes parties contractantes le jugeraient nécessaire ».

La Russie s'attribuait ainsi la surveillance de l'Empire ottoman qui consentait à se mettre sous la protection du tsar. C'était, en somme, la suite et le complément de Kaïnardja. Après avoir acquis la protection des provinces chrétiennes en 1774, la Russie, avec le traité de Hunkar-Iskélessi, soumettait à sa protection les Turcs eux-mêmes.

Quelle était la contrepartie de cet engagement, quel concours fournirait en échange le sultan ? C'est l'article additionnel et secret qui le détermina : « Comme l'empereur de Russie, dit cet article capital, voulant épargner à la Sublime-Porte la charge et l'embarras qui résulteraient pour elle d'un secours matériel, ne demandera pas ce secours si les circonstances mettaient la Sublime-Porte dans l'obligation de le fournir, la Sublime-Porte, à la place du secours qu'elle doit donner au besoin d'après le principe de réciprocité devra borner son action en faveur de la Cour de Russie à fermer le détroit des Dardanelles, c'est-à-dire, à ne permettre à aucun bâtiment de guerre étranger d'y entrer sous aucun prétexte ».

Ainsi la Russie résolvait à son profit exclusif la question des Détroits ; elle se procurait une sécurité complète dans la mer Noire et rendait inattaquable ses provinces méridionales qui bornent cette mer. Ses ennemis ne pouvaient pas entrer dans la mer Noire, mais les Détroits étaient tous ouverts aux Russes. La Turquie se constituait client de la Russie et lui servait de gardien du passage.

Cette situation exclusivement avantageuse pour la Russie n'a plus rien de commun avec celle établie par le traité de 1809 entre l'Angleterre et la Turquie. Nous avons vu que ce traité stipulait la fermeture absolue et pour tous, aussi bien pour les Russes que pour les Anglais. Le traité de Hunkar-Iskélessi, ne fermait au contraire les Détroits qu'aux puissances autres que la Russie.

En prenant l'Empire ottoman sous sa tutelle et en s'assurant la fermeture du passage de la mer Noire à l'Europe, la Russie avait l'air de ne pas comprendre que le problème des Détroits, et d'une manière générale la question d'Orient, ne se posait pas entre la Russie et la Turquie; mais c'était une question qui intéressait la Russie et le reste de l'Europe. Aussi voit-on s'élever des protestations de la part des cabinets de Paris et de Londres. Ces protestations ne dépassèrent pas toutefois la limite ordinaire d'un échange de notes, car, au fond, l'action des Puissances ne se justifiait pas en droit, quoiqu'elle le fut en politique. Elle ne se justifiait pas parce que les deux parties contractantes indépendantes et souveraines, étaient parfaitement libres de conclure des traités, de renoncer à une partie de leurs droits, de se constituer même protégées. L'intérêt froissé des autres puissances ne présentait pas un titre de droit suffisant pour donner lieu à des réclamations.

Tous ces démêlés diplomatiques avaient leur cause profonde dans la faiblesse et dans la désagrégation de plus en plus accentuée de l'Empire ottoman. Si le sultan renonçait à une partie de son autorité, n'est-ce pas parce qu'il se voyait incapable de l'exercer pleinement ? Dès lors la solution semblait toute indiquée ; c'était de substituer à la tutelle exclusive de la Russie celle de la collectivité des puissances qui l'exercerait d'une manière indivise. La deuxième crise égyptienne devait ouvrir la voie à cette solution.

CHAPITRE II

Les Détroits neutralisés et fermés sous la garantie collective des Puissances

---

I

La seconde crise égyptienne. — Le triomphe de la politique anglaise. — La Convention des Détroits et l'Apogée du principe de la fermeture (1839-1841).

I

La paix de Kutahia n'avait donné, au différend turco-égyptien, qu'une solution toute provisoire ; la querelle n'était pas vidée, elle était simplement assoupie. Le sultan n'aspirait qu'à la vengeance. Blessé dans son amour-propre, humilié, devant le monde de son impuissance de soumettre un pacha intrépide qui l'avait contraint jusqu'à solliciter le secours du tsar, son ennemi héréditaire, il se prépara, dès le lendemain de cette paix, à une entreprise de revanche. Il y était poussé, d'ailleurs, par le grand vézir Husrew pacha, adversaire acharné de Mehmed Ali, qui lui conseillait la reprise de la Syrie et réorganisait activement l'armée.

Mehmed Ali, de son côté, n'était pas, lui non plus, résigné à cette paix. Son ambition grandissait à mesure qu'il devenait plus puissant. Il était, de Taurus à Kartoum, le maître d'un vaste empire qui rappelait la grandeur de Salahiddin et paraissait capable de régénérer l'Islam en recul.

Le prétexte de la guerre fut aisément trouvé : les Kurdes, en révolte, sur l'Euphrate, contre la Turquie ; des populations du Liban, rebelles à Ibrahim pacha, avaient donné l'occasion aux adversaires de masser des armées qui, dès le mois d'avril 1839, se touchaient presque sur les frontières. Le conflit ne tarda pas à éclater ; l'armée du sultan, reçut bientôt l'ordre de marcher sur Ibrahim.

La guerre ne fut pas longue, en quelques semaines elles se terminait par la victoire des Egyptiens. Ibrahim, à Nézib, avait vaincu les Ottomans ; un mois après, l'amiral Ahmed livrait à Mehmed Ali la flotte du sultan, à Alexandrie. Et, pour achever le triomphe du pacha d'Egypte, le sultan Mahmoud mourait subitement (30 juin 1839) laissant l'empire désarmé à son fils, Abdul-Médjid, âgé de seize ans.

Tel était le résultat immédiat de cette entreprise : la Turquie paraissait perdue et livrée à la merci de Mehmed Ali ou du premier protecteur qui s'offrirait à elle. Pour échapper à un pareil sort, les ministres du jeune sultan, effrayés de leur responsabilité et conseillés vivement par le cabinet de Saint-Pétersbourg, envoyèrent immédiatement un plénipotentiaire au Caire pour offrir au Vice-roi l'hérédité de toutes ses possessions.

Le conflit parut alors définitivement clos au grand avantage de Mehmed Ali. Ce n'était toutefois qu'une apparence, car, n'oublions pas que l'on est en présence d'un événement qui se déroule sur le sol du Levant. Et, « tout ce qui s'y passe prend, dans la vie politique des nations et dans la mémoire des hommes, d'étonnantes proportions. Un rien y est gros de conséquences, et, par l'accumulation d'intérêts innombrables et variés en ce centre de l'ancien monde, le moindre bruit, y résonne étrangement. Nulle part, la diplomatie, n'a autant de tact, d'ingéniosité, d'expérience ; nulle part il n'est autant nécessaire de se défier du premier mouvement, des brusques sauts de l'opinion » (1).

L'étincelle de Nézib devait rallumer les passions politiques en Europe. Le brusque rétablissement de la paix entre les adversaires n'était autre que la défection de la politique anglaise et une nouvelle victoire de la Russie, aboutissant à la consécration de la puissance, agrandie et consolidée, du vice-roi d'Egypte, protégée de la France. Et tout cela n'était pas pour calmer la colère de lord Palmerston, ministre alors des Affaires Etrangères de la Grande-Bretagne.

II

Le programme d'action en Orient du Foreign-Office avait déjà été dicté par les événements de 1833. L'Angleterre avait d'abord à combattre la Russie. Elle ne lui pardonnait pas l'insolence de lui avoir fermé, par le traité de Hunkar-Iskélessi, la porte de Constantinople. Au lendemain de ce traité, elle avait proposé à la France une action commune contre la flotte russe de la mer Noire. Ayant l'attention attirée par les affaires d'Allemagne et d'Italie, le gouvernement de Louis-Philippe avait décliné cette demande. Pour ne pas courir seule le risque, l'Angle-

(1) Driault, *Question d'Orient*, p. 153.

terre, sans être découragée, préfère un autre procédé : en attendant le moment décisif pour agir résolument contre le tsar, elle exploite la faiblesse du sultan pour en obtenir des avantages économiques qui compenseraient les avantages politiques que s'était octroyés le tsar. Aussi voit-on l'Angleterre entrer, dès 1836, en grande activité commerciale en Turquie. Les commerçants anglais font de Constantinople le centre de leurs affaires, et en 1838, le sultan accorde aux Anglais un traité de commerce qui leur reconnaît de grands avantages. La diplomatie anglaise s'efforce de reconquérir la confiance du sultan et ne cesse de lui faire voir la possibilité d'une revanche contre Mehemed Ali.

La Russie, c'est-à-dire le traité de Hunkar-Iskélessi, n'était pas toutefois le seul objectif de la politique anglaise. Elle avait encore à atteindre la France et tâcher de paralyser son influence en Orient. Le prestige de la France est en effet considérable, à cette époque, sur la Méditerranée qui sembait devenir un lac français. L'influence française s'exerce sur les libéraux italiens et en Grèce. La conquête de l'Algérie continue dans de bonnes conditions et il est question même d'établir le protectorat français à Tunis. La France a une influence particulièrement brillante en Egypte; elle est le conseiller le plus écouté de Mehmed-Ali pacha. Par là, l'action française s'étend en Syrie, en Palestine. Cette situation privilégiée de la France lui attirait inévitablement la jalousie de son éternel rival d'outre-Manche.

L'Angleterre avait, enfin, à briser la puissance de Mehmed Ali, audacieux pacha qui, à ses yeux, est coupable, non seulement de lui faire voir en sa grande force un danger pour ses communications avec les Indes, mais encore de contrecarrer singulièrement sa politique commerciale en Orient. En effet, pour développer l'industrie nationale, les cultures égyptiennes, le vice-roi d'Egypte entourait son pays d'une barritère protectionniste et fermait ainsi l'Egypte, la Syrie aux marchandises anglaises. Cette mesure suffisait à elle seule pour pousser l'Angleterre à engager contre lui une lutte sans merci.

Tels sont les buts vers lesquels lord Palmerston dirigera la politique de la Grande-Bretagne et ils les atteindra l'un après l'autre.

I. — La défaite de l'armée du sultan à la bataille de Nézib sonna l'heure décisive du cabinet de Londres. Il fallait éviter une paix trop prompte entre le sultan et Mehmed Ali pour laisser le temps de proclamer le concert européen destiné à régler, à l'avenir, les affaires de la Turquie. Il fallait, en même temps, empêcher le sultan de requérir l'assistance russe en invoquant le traité de 1833. Bref, il fallait prolonger l'état de tension entre les adversaires et écarter à tout prix l'intervention de la Russie. A cet effet, Lord Palmerston se procura un premier associé auquel le protectorat russe sur l'Empire ottoman avait profondément déplu, c'était M. de Metternich, chancelier de l'Autriche Ces deux hommes d'Etat trouvèrent un appui précieux dans la politique anti-moscovite du roi Louis-Philippe.

Le roi de France et son Ministre, le Maréchal Soult, au lieu de hâter la conclusion de la paix en Orient, ce qui aurait été conforme à leur principe, portaient tous leurs efforts contre les Russes. Craignant une action isolée du tsar, ils estimaient qu'il fallait défendre contre lui Constantinople, empêcher le sultan de demander son appui.

Contrairement à ce que craignait la France, le tsar ne pensait pas que le moyen de maintenir le traité de Hunkar-Iskélessi fut d'engager une partie contre toute l'Europe. Fort instruit sur la décision inflexible de l'Angleterre d'arriver, par tous les moyens, à annuler ce traité, le tsar donnait, lui aussi, son adhésion au projet de Palmerston.

Par cette démarche habile, le concert européen était formé. Il passe immédiatement à l'action, et, sur l'invitation même de M. de Metternich, le 27 juillet 1839, les ambassadeurs des grandes puissances remettent à la Porte une note collective. « Les soussignés, conformément aux instructions de leur gouvernements respectifs, y est-il dit, ont l'honneur d'informer la Sublime-Porte, que l'accord entre les cinq grandes puissances sur la question d'Orient est assuré, et qu'ils sont chargés de l'engager à s'abstenir de toute délibération définitive sans leur concours et à attendre l'effet de l'intérêt qu'elle lui porte ».

Cette note, eut un effet retentissant en Europe. Le traité de Hunkar-Iskélessi était atteint. La Turquie, soustraite à l'emprise russe était placée désormais sous la surveillance et la tutelle des puissances qui conseillaient au sultan une réconciliation générale avec ses sujets chrétiens, inaugurés un peu plus tard par la charte de Gulhané (3 novembre 1839). En somme « c'était le point de départ d'une politique destinée à repousser les Russes dans la mer Noire, à leur enlever le bénéfice du protectorat des chrétiens et la défense de l'Empire Ottoman, une revanche précieuse pour les puissances maritimes des victoires remportées par les tsars en Orient depuis le traité de Kaïnardja ». Et par là, lord Palmerston touchait son premier but : les Russes étaient écartés du marché oriental. Mais il avait encore, comme nous le savons, à en évincer la France.

II. — Conformément à la note du 27 juillet 1839 les négociations se poursuivaient à Londres entre les ambassadeurs et n'aboutissaient pas. La France commençait à s'apercevoir qu'elle s'était engagée dans une impasse. Elle voyait le piège que lord Palmerston lui préparait habilement. Elle avait vu le danger du côté de la Russie et avait signé la note collective ; elle devait, par conséquent, participer à la conférence de Londres, dont les décisions ne concorderaient certainement pas avec ses vues. La France avait, en effet, résolu de soutenir la cause de Mehmed Ali. Elle y était poussée par ses intérêts, par son honneur et par les intrigues des partis politiques. M. Thiers, qui voulait renverser le ministère Soult et prendre sa place, prononçait un discours dans lequel il disait que la France devait, pour son intérêt et pour son honneur soutenir de tout son pouvoir l'Egypte. L'éminent politicien appuyait sa politique de soutien sur deux arguments principaux : il estimait d'abord que la grande différence d'intérêt des Anglais et des Russes serait un obstacle assez fort pour empêcher un accord entre ces deux puissances. Tout au contraire, le tsar, comme nous l'avons vu, évitant de se mettre l'Europe sur le dos, était résigné à suivre docilement l'Angleterre. M. Thiers avait, d'autre part, une grande confiance en la puissance du vice-roi d'Egypte. Supposez même que la Russie et l'Angleterre, pensait-il, se soient mises d'accord, leur concert serait de la plus ridicule impuissance contre les forces de Mehmed Ali. « Les Russes et les Anglais croyaient M. Thiers, y perdront leurs dents ».

Il se trompait, nous verrons tout à l'heure combien était illusoire la redoutable force du pacha d'Egypte.

Devenu président du Conseil, M. Thiers travaille décidément à faire triompher sa politique. Tout en donnant des instructions à M. Guizot pour les Conférences de Londres, il cherche, par une diplomatie secrète, le moyen de résoudre le conflit turco-égyptien par un accord direct entre les parties. Au mois de mai 1840, le sultan destitue le grand vizir, Husrew pacha. Mehmed Ali, très satisfait, se montre disposé à traiter. Une convention est sur le point d'aboutir. Le sultan consentait à établir l'hérédité dans la famille de Mehmed Ali en Egypte et dans toute la Syrie. C'était le triomphe de la diplomatie française et, comme contre-partie, l'échec des négociations de Londres. L'Europe allait s'incliner devant le fait accompli.

Mais l'ennemi, comme disent les Turcs , a des oreilles percées ; la secrète entreprise du ministre français fut découverte et ce fut la France qui se trouva devant le fait accompli.

A l'action isolée du cabinet de Paris en faveur du Vice-roi d'Egypte, Palmerston opposa l'action collective des autres puissances contre le pacha, et, le 15 juillet 1840, le Ministre anglais signa, sans que la France s'en aperçoive, avec les représentants de l'Autriche, de la Prusse et de la Russie, le traité de Londres.

L'émotion fut grande en France, lorsqu'on connut la nouvelle. Le maréchal Soult y voyait « un nouveau traité de Chaumont » ; « C'est le Waterloo de la diplomatie », disait Lamartine. L'opinion publique réclamait des mesures décisives et obligeait le gouvernemeent à procéder à des préparatifs de guerre, laquelle menaça un moment d'éclater. Mais la partie était jouée; la diplomatie anglaise remportait sa plus belle victoire : la France, à son tour, était mise à l'écart. Lord Palmerston ne craignait pas d'ailleurs ces menaces de guerre, parce qu'il connaissait bien Louis-Philippe, partisan résolu de la paix.

Devant cet échec, il ne restait plus à M. Thiers que de fixer ses espérances sur la résistance de Mehmed Ali, dernier objectif de lord Palmerston.

III. — Le traité de Londres 15 juillet 1840, stipulait le maintien de l'indépendance et de l'intégrité de l'Empire ottoman ; la mise sous la sauvegarde des puissances du Bosphore et des Dardanelles, et, enfin, adressait au pacha d'Egypte un ultimatum. Le concert sommait le pacha de ne garder que l'hérédité de l'Egypte et l'administration viagère de la Syrie et lui accordait, pour accepter ces conditions, un délai de dix jours ; ce délai passé, les parties contractantes ne lui garantissaient plus rien. Les puissances signataires se mettaient d'accord pour exécuter, militairement au besoin, ses stipulations.

Le malheureux pacha, voulut essayer une fois de plus la chance et s'appuya sur sa force en laquelle s'était fixé tant d'espoir. Dès le 14 août, des vaisseaux anglais, autrichiens, et turcs, sous le commandement de Sir Charles Napier, paraissaient devant Beyrouth. A cette nouvelle il se produisit des soulèvements en Syrie qui suffirent à effrayer Mehmed Ali. Il acceptait les conditions du traité de Londres, mais on lui fit savoir qu'il était trop tard. Au mois suivant les malheurs se succédèrent : le sultan proclame la déchéance du pacha ; après la chute de Beyrouth, Ibrahim recule précipitamment vers le sud; bientôt l'amiral Napier paraît devant Alexandrie et menace Mehmed Ali, celui-ci consent à négocier et accepte les conditions préparées (le 2 novembre 1840). Le conflit était terminé.

La conférence des quatre puissances proclama le 31 janvier 1841, la paix rétablie entre le sultan et son vassal : la Turquie accordait l'hérédité en Egypte au profit des descendants de Mehmed Ali, à certaines conditions d'ailleurs, et le pacha perdait toutes ses possessions sauf l'Egypte. Par la délibération du 5 mars 1841, la même conférence déclara le traité du 15 juillet clos et terminé à la satisfaction des parties et des puissances. Ainsi c'en était fait de la puissance de Mehmed Ali, laquelle emporta avec elle le dernier espoir de M. Thiers.

III

Le ministre anglais avait ainsi eu raison de ses adversaires. Il avait anéanti le pouvoir de Mehmed Ali : astreint à renoncer au résultat de ses efforts et sacrifices, réduit à la seule possession de l'Egypte ; le rude pacha ne compte plus, il sera atteint de folie et mourra oublié. Quant aux autres puissances : la France sortait de la péripétie blessée dans son amour-propre. Elle avait voulu consolider la grandeur de son protégé, et dut assister impuissante à l'écroulement de ses desseins. La Russie, autrement atteinte, perdait tous les avantages du traité de Hunkar-Iskélessi et partageait désormais avec les autres puissances le protectorat de l'Empire ottoman. Nous avons vu comment le tsar avait été obligé de consentir à cette abdication, à renoncer au fruit des efforts de toute une génération. C'était d'abord des circonstances, combinées ingénieusement par la diplomatie anglaise, qui en étaient la cause. En second lieu, la Russie avait fort bien compris, après son fameux traité de 1833, l'impossibilité de tenter une domination exclusive sur la Turquie. Elle avait vu qu'une pareille tentative n'avait d'autre conséquence que celle de la conduire à des complications diplomatiques, de lui créer perpétuellement des ennemis en Europe. Elle était convaincue, enfin, que la question de Constantinople avait une portée générale, intéressant toute l'Europe, dès lors elle devait recevoir sa règlementation de la part de tous les intéressés et d'une manière collective.

A ces considérations, déjà suffisantes à pousser le cabinet de Saint-Pétersbourg à se rallier au point de vue anglais, il convient d'ajouter que Nicolas Ier était comme aveuglé par la haine qu'il ressentait contre Louis-Philippe et qui n'eut pas moins d'influence dans sa détermination.

C'était l'Angleterre qui emportait tout le bénéfice de cette affaire : elle avait rejeté Mehmed Ali au Sud, la Russie au Nord, et avait atteint l'influence française. Elle avait dégagé, pour l'avenir, la route continentale de l'Inde et s'était assurée une influence toute prépondérante dans les pays du Levant. L'Angleterre va consolider cette situation par un acte international qui sera le couronnement de ses succès.

IV

La chute de M. Thiers ouvrait la voie à la France pour rentrer en relation diplomatique avec les signataires du traité de Londres. Cela était déjà facilité par certaines circonstances, notamment par la bonne disposition du Parlement anglais lequel avait obligé lord Palmerston à s'incliner devant sa volonté et l'avait contraint à déclarer même que « la France, maîtresse d'une grande puissance navale et militaire, ne pouvait être exclue des affaires de l'Europe ».

L'amour-propre de la France ne lui permit pas toutefois d'apposer sa signature à la délibération finale du 5 mars 1841 qui confirmait, comme nous le savons, les succès de l'acte du 15 juillet d'où la France était exclue.

Cependant M. Guizot, pour éviter et « prévenir entre l'Angleterre et la Russie des habitudes d'intimité trop prolongée », proposa et obtint de transformer la note du 27 juillet en un traité qui fut signé le 13 juillet 1841, et qui devint la Charte internationale de la question des Détroits. C'est cet acte que l'on appelle la « Convention des Détroits », intitulée « Convention destinée à garantir la fermeture des Détroits des Dardanelles et du Bosphore aux bâtiments de guerre de toutes les nations ».

L'objet de cet acte donna lieu à des discussions ; devait-on conclure une convention générale sur la question turque, ou simplement sur un point spécial, sur les Détroits ? M. Guizot proposait, entre autre, les points suivants : « La clôture des deux Détroits, la reconnaissance du statu-quo de l'Empire ottoman ». Lord Palmerston ne voulait pas insérer dans l'acte une clause concernant l'intégrité de l'Empire ottoman, car, visant directement la Russie, une telle clause risquerait d'éveiller la susceptibilité de cette puissance et de provoquer son refus d'y adhérer. Finalement, on trouva une formule, assez vague du reste, de nature à satisfaire tout le monde, y compris le sultan lui-même. Le préambule porte les traces de ces hésitations. Les puissances, y était-il dit, veulent donner au sultan « une preuve manifeste du respect qu'elles portent à l'inviolabilité de ses droits souverains, ainsi que de leur désir sincère de voir se consolider le repos de son Empire ».

Cette disposition ne devait pas être d'accord avec la vraie intention des Puissances de limiter et de restreindre les mêmes droits souverains du sultan sur les Détroits, ce qui était l'objet même de la convention. Il serait manifestement contradictoire d'imposer au sultan l'obligation de fermer les Détroits après lui avoir promis le respect à sa souveraineté. Aussi, pour atténuer cette contradiction devant résulter des deux formules, le préambule continue-t-il en ces termes : « Leurs dites Majestés ont résolu de se rendre à l'invitation de sa Hautesse le sultan, afin de constater en commun, par un Acte formel, leur détermination unanime... » C'est donc le sultan lui-même, qui invite, par sa propre initiative, les Puissances à constater leur détermination en ce qui concerne la clôture des Détroits.

Examinons d'abord les dispositions juridiques de cet acte important. Nous verrons ensuite sa portée et son effet politiques.

I. — L'article 1er dit que le sultan « d'une part, déclare qu'il a la ferme résolution de maintenir à l'avenir le principe invariablement établi comme ancienne règle de son empire, et en vertu duquel il a été, de tout temps, défendu aux bâtiments de guerre des puissances étrangères d'entrer dans les détroits des Dardanelles et du Bosphore ; et que, tant que la Porte se trouve en paix, sa Hautesse n'admettra aucun bâtiment de guerre étranger dans lesdits détroits ».

Le sultan s'engageait ainsi, envers toutes les puissances signataires, de tenir fermé à l'avenir le passage à tout bâtiment de guerre.

Cet engagement n'était point comparable à la situation créée par les traités antérieurs. En effet, d'après le traité de 1809, le sultan s'était engagé envers l'Angleterre à ne pas ouvrir les Détroits aux bâtiments de guerre d'aucune puissance et l'Angleterre s'obligeait, tant que le sultan se conformerait à cette condition, de ne pas forcer les Dardanelles. Mais si la Turquie n'observait pas cette condition, à laquelle se trouvait suspendue l'obligation de l'Angleterre, celle-ci était déliée de son engagement. Et, le sultan était entièrement libre d'observer ou de ne pas observer cette condition, s'il voulait le risque que la protestation de l'autre contractante pourrait lui faire courir.

Tout au contraire, dans le présent traité le sultan s'oblige d'une manière générale, non pas à l'égard d'une puissance déterminée, mais envers plusieurs puissances, et, comme nous le verrons, d'une manière collective.

Quant au traité de Hunkar-Iskélessi, la Turquie s'engageait, pour une durée de 8 ans, envers la Russie à fermer les Dardanelles dans un cas spécifiquement déterminé. C'était lorsque la Russie se trouverait en guerre avec l'une des Puissances et cela était la contre-partie de l'engagement russe de fournir aide et assistance au sultan. Hors ce cas, ou au bout de huit ans, les parties contractantes étaient libres de renouveler ou non leurs obligations réciproques. Dans la convention de 1841 l'obligation du sultan ne comporte aucune condition, ni terme ; elle est absolue et permanente.

Le sultan s'engage donc à maintenir le principe traditionnel de la fermeture des Détroits ; mais envers qui ? Contracte-t-il une obligation avec les Puissances individuellement ? Dans ce cas, il ne serait point impossible d'abroger le contrat, si les parties y consentent, et, par suite, la fermeture du passage demeurerait illusorie. C'est le deuxième paragraphe de l'article Ier qui répond à cette question : l'Autriche, la France, l'Angleterre, la Prusse et la Russie, dit ce paragaphe, d'autre part, s'engagent à respecter cette détermination du sultan de se conformer au principe ci-dessus énoncé.

Ce qui signifie d'abord que l'obligation est réciproque ; ensuite, elle lie le sultan, d'une part, et le bloc des Puissances, de l'autre, c'est-à-dire qu'il n'y a pas « un faisceau de cinq obligations réciproques entre la Turquie et divers Etats, mais une obligation indivisible et solidaire entre six Etats ».

Nous sommes donc en présence d'une convention collective. Il n'y a pas « cinq ou six obligations séparées des grandes puissances vis-à-vis de la Turquie, écrit M. Heinrich Geffeken, mais bien une seule obligation que les Puissances ont contracté envers la Sublime-Porte et qu'elles sont tenues d'observer, non seulement, vis-à-vis du sultan, mais encore vis-à-vis l'une de l'autre, de manière que chacune a le droit de demander compte à l'autre de toute infraction à l'engagement commun. Si les signataires de ce traité s'étaient simplement engagés vis-à-vis de la Porte, chacun pourrait, une fois d'accord avec cette dernière, abroger le traité conclu avec elle : mais cela ne se peut pas ; chacun des signataires est lié par le contrat auquel il a souscrit, tant qu'il n'y a pas d'accord de tous les signataires pour abroger ou modifier l'obligation qu'ils ont contractée collectivement ».

Jusqu'ici on pourrait croire que l'obligation du sultan est le résultat de sa libre détermination de fermer à l'avenir les Détroits. Or, s'il est libre de les fermer par sa propre initiative, il serait également libre de les ouvrir. Mais, ainsi que nous l'avons déjà signalé, ce n'est qu'une concession de courtoisie envers le sultan, car l'article 2 de la convention apportant en même temps une exception aux principes, dit : « Le sultan se réserve comme par le passé, de délivrer des firmans de passage aux bâtiments légers sous pavillon de guerre », employés au service des légations. En concédant au sultan le droit d'ouvrir le passage à un nombre déterminé de « bâtiments légers », la convention lui dénie donc, par le fait même, celui de laisser passer toute autre force navale. « Il a le devoir de fermer les Détroits ; mais n'a pas le droit de les ouvrir ». Cela revient à dire que le sultan n'a plus de souveraineté sur les Détroits, qui sont désormais garantis par les Puissances lesquelles prennent l'Empire ottoman sous leur tutelle collective.

II. — La Convention, dont nous venons d'étudier le mécanisme juridique, n'avait pas, dans l'intention intime de son auteur principal, le seul but d'atteindre l'autorité turque sur les Détroits. Elle en avait un autre qui visait directement la Russie et qui était d'interdire à la puissance navale du tsar la sortie de la mer Noire.

Cependant, et c'est ce qui paraît étrange, la diplomatie russe se montra, au moment de la signature de la convention, très satisfaite du résultat qu'elle considérait avoir obtenu. Elle voyait dans l'acte de 1841 un gage des plus sûrs pour la sécurité des possessions méridionales russes. Les Détroits étaient enfin fermés, croyait-elle, aux Puissances maritimes, lesquelles venaient de consentir d'elles-mêmes à la clôture des Dardanelles. La Russie ne devait plus avoir à craindre les intrigues des Puissances à Constantinople, puisqu'elles la reconnaissaient, par cet acte, comme la maîtresse unique de la mer Noire.

C'était le résultat qu'attendait la Russie du nouveau régime.

Les diplomates du tsar se trompaient, et leur erreur est mise en évidence par un terme de la convention dont nous avons retardé l'explication jusqu'ici. En effet, on vient de voir que l'article Ier indique l'obligation du sultan de fermer les Détroits, non pas en temps de guerre comme en temps de paix, ce qui aurait produit l'effet que la Russie escomptait, mais « tant que

La Porte se trouve en paix ». Si donc la Turquie est en guerre, elle se trouve déliée de son engagement.

Examinons la situation que peuvent présenter ces cas. Supposons d'abord que la Russie soit en guerre avec l'Angleterre, la Turquie étant neutre. C'est dans ce cas seulement que la Convention doit entrer en vigueur et que, suivant le principe de la neutralité, la Turquie doit fermer le pàssage aux deux adversaires. Mais, même dans cette hypothèse, les nombreuses expériences ont montré l'inefficacité des barrières conventionnelles devant la nécessité dont la force et la puissance des Etats sont seuls juges d'apprécier.

Imaginons encore que la Turquie soit en guerre avec l'Angleterre. Elle peut ouvrir les Dardanelles à la flotte russe pour aller combattre les Anglais dans la Méditerranée, hypothèse qui ne peut se réaliser jamais.

Enfin, un dernier cas peut se présenter, c'est celui où la Porte serait en conflit, comme il est arrivé déjà et arrivera souvent, avec la Russie. Dans ce cas encore, la Turquie peut donner passage à la flotte des Puissances maritimes pour combattre la flotte russe dans la mer Noire.

Bref, par quelque côté que l'on prenne le principe établi par l'acte de 1841, on voit qu'il avait pour but principal de contrecarrer les visées russes. L'illusion de la diplomatie de Saint-Pétersbourg ne devait pas tarder à se dissiper. Si la Russie semblait abandonner sa politique de domination sur Constantinople c'est qu'il y avait la coalition des puissances contre laquelle elle évitait de se heurter. Elle préféra attendre la première occasion pour prendre sa revanche et regagner le terrain perdu. Cette occasion lui fut fournie par le bouleversement général de 1848, date qui marque le point de départ du déclin que subira dans la suite la formule de la Convention de 1841.

II

Les Altérations du Principe de la Fermeture des Détroits

I

L'extension du principe au Congrès de Paris (1856).

Nous n'avons nulle intention d'entrer dans le détail des événements qui aboutirent, on le sait, au Congrès de Paris. Il nous suffit de montrer la cause, le but et l'effet d'un nouvel élan moscovite sur l'Empire ottoman.

La cause initiale de la guerre russo-turque, qui éclata le 14 octobre 1853, se trouve dans le mécontentement de la Russie, produit par l'acte de 1841. A partir de cette date, la diplomatie russe cherche à refaire sa situation perdue en Turquie, mais en ayant recours à un autre moyen. Le gouvernement du tsar avait en effet, deux voies d'influence dont le point d'aboutissement était toujours Constantinople. Il avait d'abord le moyen de prendre en main la clef de la mer Noire, laquelle lui venait d'être enlevée. Restait l'autre qui, tout en étant aussi difficile à pratiquer n'était pas moins sûr, c'était son protectorat sur les orthodoxes de l'Empire ottoman. Pour recourir à ce dernier il fallait trouver un bon prétexte qui pût cacher son véritable dessein. La querelle des Lieux-Saints s'offrit à temps à la diplomatie russe et lui servit de prétexte, si bien qu'elle était de nature à dissimuler sa politique des Détroits, son objectif essentiel. La défense de la religion n'était qu'un mobile pour soulever la foule orthodoxe ; la main-mise sur les Détroits restait, comme toujours, le but de la politique traditionnelle.

Aussi la guerre débuta-t-elle par la destruction totale de la flotte turque à Sinope, nouveau désastre de Tcheschmé qui rallia immédiatement l'Angleterre à la France. Pour rétablir l'équilibre qui venait d'être complètement rompu dans la mer Noire, les alliés préconisèrent l'extension du principe de la neutralisation de cette mer, le relèvement de la force navale de la Turquie étant quasi-impossible. Cette nouvelle suffit à démasquer l'intention de la Russie ; l'intention qui ressort des propositions de son plénipotentiaire, le prince Gortchakof, pendant les négociations qui furent ouvertes en pleine guerre à Vienne (13 novembre 1854).

Les propositions du prince sont intéressantes pour connaître le point de vue du cabinet de Saint-Pétersbourg dans la solution du problème des Détroits et de son grand mécontentement du régime de 1841.

On sait que les projets alliés visaient la neutralisation de la mer Noire, c'est-à-dire l'interdiction pour la Russie, comme pour la Turquie, d'entretenir des bâtiments de guerre dans cette mer. Si cela n'était pas possible, les délégués alliés préconisaient la limitation des forces navales de ces deux pays.

Ces projets furent repoussés par la délégation russe qui insista sur la révision de la convention de 1841, d'une part, sur la nécessité pour la Russie d'avoir dans la mer Noire une flotte qui lui assurât d'autre part, les clefs de Constantinople. Le prince Gortchakof, fit connaître alors le projet russe qui avait pour base l'ouverture des Détroits à tous les pavillons de guerre ; la liberté de navigation sur la mer Noire pour tout vaisseau, quelle qu'en soit la nationalité.

C'était une solution opposée à celle de la Convention de 1841. Quel avantage escomptait donc la Russie de la nouvelle solution qu'elle proposait ? Pour y répondre, il faut rappeler les inconvénients qui résultaient pour elle de la fermeture des Détroits.

La Russie avait cru, comme nous l'avons vu, trouver dans cette fermeture la sécurité de ses possessions méridionales. Mais en réalité, ce principe n'avait pas une grande utilité pour elle, il pouvait même dans une certaine mesure lui nuire, car le seul résultat certain que ce principe pouvait produire c'était d'immobiliser sa flotte dans la mer Noire. Elle y était enfermée sans que la fermeture du passage mit la Russie à l'abri des flottes ennemies, puisque la clôture des Détroits n'était stipulée dans la Convention de 41 qu'en temps de paix. Ainsi la fermeture ne servait qu'à lui barrer le chemin de la Méditerranée.

En ouvrant le passage à tous, la Russie courait aussi, il est vrai, le risque de voir dans la mer Noire la flotte des Occidentaux. Mais le mal n'était pas grand, tant qu'on restait en paix. En temps de guerre, on vient de voir que la clôture n'était pas une mesure efficace.

Cette solution n'était évidemment pas de nature à plaire aux Puissances, car elle donnait à la Russie la possibilité de franchir les Dardanelles pour venir ébranler l'équilibre des forces dans la Méditerranée. Elle était contraire aussi aux intérêts de la Turquie, laquelle ne manqua pas de voir le danger que contenait le fonds de l'idée russe. Aussi Aali pacha, délégué Turque à la Conférence, déclara-t-il que la Porte était résolue à ne pas transiger sur le principe de la clôture.

Déçu dans son premier contre-projet, le prince Gortchakof en proposa un deuxième sur la base de la clôture des Détroits. D'après celui-ci, ils seraient fermés pour tous les bâtiments de guerre de toutes les nations, et, ce qui différenciait ce régime de celui de 1841, le sultan aurait la faculté de les rouvrir, au besoin et en cas de danger, à telle ou telle puissance.

Dans ce système la Russie aurait la chance d'entrer dans la Méditerranée au cas où la Porte lui en ferait la demande. Ce second projet n'eut pas plus de succès que le premier. Il s'agissait de rendre avant tout les forces russes moins dangereuses pour la Turquie dont la conservation et l'indépendance, comme unité politique, étaient la condition essentielle de l'équilibre et de la paix de l'Eupope. A cet effet, il n'y avait d'autre moyen pour les Puissances que la destruction ou tout au moins la limitation des forces navales de la Russie dans la mer Noire. Cela n'était possible qu'en neutralisant cette mer où en imposant à la Russie un nombre déterminé de vaisseaux de guerre.

Après les succès militaires des alliés, c'est la première solution qui prévalut : le traité de Paris (30 mars 1856) étendit le principe de la neutralité à la mer Noire.

La convention des Détroits est entièrement maintenue; mais ce ne sont pas seulement le Bosphore et les Dardanelles qui sont fermés aux bâtiments de guerre russes ; c'est toute la mer Noire : « La mer Noire sera neutralisée, ouverte à la marine marchande de toutes les nations, ses eaux resteront interdites aux marines militaires. Par conséquent il ne sera créé ni conservé d'arsenaux militaires maritimes sur le littoral de la mer Noire (Art. 11-13). Le seul changement apporté au principe de la convention de 1841 consistait dans l'extension du droit accordé au sultan de délivrer des firmans de passage aux bâtiments légers. Cette extension était motivée par la disposition de l'article 19 qui accordait aux puissances la licence d'entretenir des bâtiments légers à l'embouchure du Danube. Ainsi la mer Noire cessait aussi d'être un lac russe et l'équilibre de 1841 était rompu ; mais au détriment de la Russie.

Cette mesure, quoique radicale, était imprudente et contenait le germe de nouveaux conflits. Au lieu de résoudre le problème, on le rendait bien plus compliqué. Une puissance comme la Russie ne pouvait pas être retenue par de pareils artifices.

Il ne restait néanmoins au cabinet de Saint-Pétersbourg qu'à attendre la première occasion favorable pour reprendre sa liberté dans la mer Noire.

C'est le conflit franco-allemand qui devait lui procurer cette occasion.

II

La restriction du principe à la Conférence de Londres (1871).

Au moment le plus critique de la guerre de 1870, la Russie provoqua la réunion d'une conférence afin de refaire l'œuvre du traité de Paris concernant la neutralité de la mer Noire.

Le 31 octobre 1870, le prince Gortchakoff portait par une dépêche circulaire à la connaissance des cabinets européens (que sa Majesté Impériale ne saurait se considérer plus longtemps liée aux obligations du traité de Paris du 18-30 mars 1856 en tant qu'elles restreignent ses droits de souveraineté dans la mer Noire).

La Russie se considérait donc déliée d'un engagement

qu'elle avait souscrit quelques années auparavant, et cela, sans attendre le consentement de ceux envers qui elle s'était engagée. L'instant n'étant pas favorable pour discuter sur un point de droit, les Puissances jugèrent bon de sauver au moins l'apparence et se réunirent à Londres.

Le fait accompli fut sanctionné ; la mer Noire s'ouvrit de nouveau à la complète liberté d'action de la Russie (13 mars 1871).

Mais la conférence de Londres ne s'arrêta pas là. Elle ajouta au traité une disposition nouvelle, présentée comme complément aux règles de 1841 et comme une compensation donnée au sultan pour la perte de l'avantage qu'il avait à ce que la mer Noire fut interdite à la marine militaire russe. Mais l'effet en était précisément de restreindre les dites règles et d'obscurcir singulièrement le sens du principe de la convention de 1841.

« Le principe de la clôture des Dardanelles et du Bosphore « dit l'art. 2 du traité de Londres est maintenu, *avec la faculté* « *pour S. M. I. le Sultan d'ouvrir en temps de paix les dits Dé-* « *troits aux bâtiments de guerre des puissances amies et alliées,* « *dans le cas où la Sublime-Porte le jugerait nécessaire pour* « *sauvegarder l'exécution des dispositions du traité de Paris* ».

Les Détroits demeurent donc fermés, mais le sultan acquiert le droit de les ouvrir en cas de besoin.

Avec cette dernière clause, il se posait toutefois une question de principe très difficile à trancher : Quelle était la portée exacte de cet article 2; avait-on voulu changer la nature juridique de l'engagement du sultan où tout simplement donner une extension aux droits qui lui avaient été antérieurement reconnus ? En d'autres termes le sultan était-il affranchi de toute obligation collective vis-à-vis des Puissances et libre de s'entendre séparément avec chacune d'elle pour lui ouvrir, s'il le jugeait opportun, les Dardanelles et le Bosphore ?

En présence du texte peu clair de l'article 2, on pouvait discuter et interpréter dans un sens ou dans l'autre sans aboutir à une solution définitive ?

Ce point va donner lieu à des discussions et à des interprétations de nature à altérer singulièrement le principe de 1841.

III

L'interprétation divergente du principe au Congrès de Berlin (1878)

Le Congrès de Berlin n'a apporté aucun changement au régime établi des Détroits, par les conventions antérieures. Dans son article 63 le traité élaboré dans ce Congrès confirme les textes du traité de Londres de 1871.

Une discussion a éclaté toutefois entre la Grande-Bretagne et la Russie sur le sens du texte de ce dernier traité et sur la manière de l'interpréter. Quelle était, d'après ce texte, la nature juridique de l'engagement du sultan vis-à-vis des puissances et de celles-ci envers le sultan ?

La délégation britannique au nom de son gouvernement, présenta au Congrès la déclaration suivante :

« Considérant que le traité de Berlin changera une partie importante des arrangemeents sanctionnés par le traité de Paris de 1856, et que l'interprétation de l'article 2 du traité de Londres peut être sujette à des contestations, je déclare de la part de l'Angletere, que les obligations de Sa Majesté britannique, concernant la clôture des Détroits, *se bornent à un enga-*

gement envers le Sultan à respecter, à cet égard, les déterminations indépendantes de Sa Majesté conformes à l'esprit des traités existants ».

Cette déclaration de lord Salisbury ne devait pas passer sous silence ; le délégué russe, le comte Schouvalof demanda l'insertion au protocole d'une déclaration sur le même sujet :

« Les plénipotentiaires de Russie, sans se rendre exactement compte de la proposition de M. le second plénipotentiaire de la Grande-Bretagne, concernant la clôture des Détroits, se bornent à demander, de leur côté, l'insertion au protocole, de l'observation, qu'à leur avis, le principe de la clôture des Détroits est un principe européen et que les stipulations conclues à cet égard en 1841, 1856, et 1871, confirmées actuellement par le traité de Berlin, sont obligatoires pour toutes les Puissances, conformément à *l'esprit et à la lettre* des traités existants, *non seulement vis-à-vis du sultan, mais entre toutes les puissances signataires de ces transactions* » (1).

En somme, la thèse anglaise soutient que la clause ajoutée par l'article 2 du traité de Londres au principe des conventions antérieures a changé radicalement le caractère de l'engagement du sultan et des puissances signataires. De collectif qu'il était primitivement cet engagement est devenu individuel.

Il en résulte que lorsque le sultan consentira à ne plus se prévaloir du principe de la clôture en faveur de l'une des puissances, et lorsque celle-ci consentira à profiter de cette suspension du principe, les autres puissances n'auront rien à dire, car on se trouvera en présence des Etats souverains et indépendants.

(1) V. Adolphe d'Avril, cit. par Mischeff, p. 593.

D'après l'interprétation russe tout au contraire, le caractère du principe demeure toujours collectif. La clause en question n'a d'autre rôle que celui d'étendre la faculté laissée au sultan par les traités de 1841, de 1856, faculté de délivrer des firmans de passage. Dès lors, pour suspendre le principe de la clôture, il ne suffit point du consentement du sultan et de l'une des puissances signataires ; il fallait absolument, comme auparavant, le consentement de toutes les parties contractantes.

Ces discussions, n'aboutirent pas à une conclusion définitive. Les autres plénipotentiaires se gardèrent de manifester leur opinion et se contentèrent d'enregistrer au protocole, et sans commentaire, les deux déclarations contradictoires.

C'est qu'il est vraiment difficile de se prononcer pour l'une ou pour l'autre, étant donnée la rédaction obscure de l'article 2 et le traité de Berlin ne fait que confirmer ces dispositions équivoques de ces textes.

Cependant les travaux préparatoires du traité de Londres portent des traces de discussion qui sont de nature à éclaircir la question et qui semblent justifier le point de vue anglais.

On se rappelle que la neutralisation de la mer Noire était basée sur l'idée d'établir un équilibre de forces entre la Russie et la Turquie. Cette dernière avait, dans ce régime, un avantage certain, de ce fait que la perte de sa flotte venait d'être compensée par la mesure d'interdiction pour la Russie d'entretenir dans la mer Noire des forces navales. Au traité de Londres cette mesure fut abolie et la Turquie se trouva dès lors dépouillée de son avantage. Pour donner à la Porte des garanties équivalentes à celles résultant du traité de Paris, on lui reconnut la faculté de faire entrer, au besoin, dans la mer Noire, la flotte des puissances occidentales. On pensait assurer ainsi la sécurité de la Turquie qui était absolument indispensable à la paix européenne. Pour garantir cette nouvelle mesure on abolit l'obligation collective du régime de 1841 et on établit à la place, une obligation individuelle ; obligation que la Porte aurait à l'égard de chacune des puissances séparément et individuellement. Et cela pour permettre au sultan d'appeler en cas de besoin, l'une des puissances maritimes contre la Russie, ou celle-ci contre celle-là, sans que cet appel puisse soulever aucune objection, et sans que le bien-fondé de l'intervention de ladite puissance puisse être mise en question. Le caractère collectif de l'obligation résultant de la convention de Londres et dut raité de Paris a ainsi été changé en obligation individuelle au traité de Londres, et c'est pour parer à une rupture éventuelle de l'équilibre entre la Russie et la Turquie que l'on a voulu ce changement.

L'intention des Puissances de supprimer ce caractère collectif n'est pas discutable et pourtant, à ce sujet, les textes sont muets.

Il faut en chercher la raison dans la situation et dans le calcul des intérêts des parties au moment de la rédaction de ces textes. La situation de l'Angleterre contrairement à celle de la Russie ,devenait de plus en plus brillante à Constantinople. Le principe de 1841, tel qu'il avait été établi comme une réaction contre la situation privilégiée de la Russie, paraissait n'avoir plus de raison d'être. La meilleure preuve en est que ce sont à présent les Russes qui le défendait. Cela suffisait pour montrer à l'Angleterre que son intérêt était dans l'abolition de ce principe. Mais pour aller jusque-là et pour l'imposer, le moment était difficile. Aussi préfèra-t-elle laisser les choses telles qu'elles étaient. D'ailleurs pouvait-on prévoir le cours que les événements prendrait dans l'avenir ? Il fallait laisser la porte entrebaillée afin de prévenir un changement de situation et d'intérêts dans la suite. C'est ce que l'on fit en s'abstenant de donner au texte un sens précis. Cela assurait à chacun de ne suivre que son intérêt propre et d'interpréter en conséquence les textes. Ce procédé était tellement souple que quelques années plus tard on a vu l'Angleterre soutenir la thèse russe et le cabinet de Saint-Pétersbourg celle de l'Angleterre. On ne s'en étonnera pas, étant donnée la base du problème, c'est-à-dire, le principe de 1841, lequel sous la couleur d'une formule juridique n'était en réalité qu'un système d'intérêts politiques.

***

Nous avons étudié les épisodes successifs où la question des Détroits fut disputée, réglée dans de grandes réunions internationales. Nous pouvons négliger les quelques incidents purement diplomatiques qui se sont produits en des moments différents et jusqu'en 1914, date de la grande péripétie mondiale où tout avait sombré et durant laquelle les diplomates, les juristes avaient suspendu leurs jugements.

Si nous voulons résumer en quelques mots, la période d'avant-guerre, nous pouvons dire que, durant cette longue période, la question des Détroits fut essentiellement une question de pure politique. Le grand règlement de 1841 n'était en réalité autre chose que la conciliation des intérêts des Puissances rivales. Ainsi le système de la Société des Etats n'a pas pu donner à ce problème une solution objective, c'est-à-dire, juridique. Nous allons voir si le système de la Société des Nations a pu jusqu'ici accomplir cette tâche.

TROISIÈME PARTIE

La Solution actuelle de la Question des Détroits

CHAPITRE PRELIMINAIRE

La disgrâce du principe de la fermeture et la genèse de la règle de la liberté des Détroits.

I

Les Tendances Juridiques

Le développement de plus en plus considérable de la puissance économique des Etats et les progrès réalisés dans les moyens de transport par mer ont créé le besoin d'assurer la libre communication entre les mers libres. Ce besoin s'est manifesté d'abord, au cours du siècle précédent, sous forme de tendance juridique. Dès le début du XIXe siècle, l'idée de la liberté des voies maritimes et fluviales de caractère international gagnait du terrain et tendait à constituer un principe du Droit des Gens modernes.

La première application de cette idée a été faite au traité de Paris de 1814. Ce traité établissait un régime de liberté de navigation sur le Rhin et, de plus, prévoyait l'extension du même régime à tous les fleuves internationaux.

Le Congrès de Vienne de 1815 donna, à ce vœu, une formule plus générale : « la navigation dans tous les cours des rivières..., dit l'article 109, sera entièrement libre et ne pourra sous le rapport de commerce être interdite à personne ».

Ce principe fut appliqué au Danube par le traité de Paris de 1856 et confirmé par le traité de Berlin de 1878.

Il fut adopté par certains Etats d'Amérique et appliqué, entre autres, à l'Amazone. Enfin, l'acte général de Berlin de 1885, l'étendit aux fleuves de l'Afrique Centrale, le Congo et le Niger.

Ce mouvement libéral devait fatalement prendre de plus en plus d'extension et gagner les détroits et canaux maritimes, demeurés longtemps fermés à la libre navigation internationale. Par des conventions spéciales, les Etats, sur le territoire desquels se trouvaient creusé ces détroits et canaux, se sont engagés à les ouvrir, et, de ce fait, ont consenti à une servitude de passage.

Le traité du 31 juillet 1881 ouvrit le détroit de Magellan à la libre navigation de toutes les nations. Pour assurer cette liberté, le traité prévoit « qu'il ne sera pas construit sur les côtes ni fortifications ni ouvrages de défense militaire ». C'est la démilitarisation de ce détroit.

La liberté de passage fut établie au Canal de Suez par le traité du 29 octobre 1888. D'après ce traité, le canal est libre et ouvert à tous les navires de commerce ou de guerre de tous les Etats même aux navires des belligérants, en temps de guerre. Pour garantir ce principe le canal est démilitarisé et neutralisé.

Au canal de Panama, la liberté de navigation fut assurée définitivement et d'une manière égale pour toutes les nations par la loi du 16 juin 1914. Sous cette réserve importante toutefois que les Etats-Unis peuvent élever des fortifications le long du canal pour défendre sa sécurité.

Enfin le Traité de Versailles a consacré toute une section au régime de la navigation à travers le canal de Kiel. L'article 380 pose ce principe que le canal et ses accès seront toujours libres et ouverts sur un pied de parfaite égalité, aux navires de guerre et de commerce de toutes les nations en paix avec l'Allemagne.

Cet aperçu rapide suffit à nous montrer l'ampleur de la tendance au sujet de la liberté de la navigation dans les voies maritimes et fluviales. Parallèlement à ce mouvement juridique il y eut un courant doctrinaire tendant à ériger cette liberté en un principe du Droit International.

II

Les Courants Doctrinaires

Remarquons d'abord que la doctrine est, sur ce point, loin d'être unanime. En effet, lorsqu'il s'agit de l'ouverture absolue des voies maritimes on se trouve, comme nous l'avons marqué précédemment, en présence de deux ordres d'intérêts difficiles à concilier : l'intérêt des puissances maritimes, l'intérêt du souverain territorial. Ce dernier se traduit par la nécessité de sauvegarder la souveraineté et la sécurité de l'Etat possesseur de la voie.

Beaucoup d'auteurs, dont l'autorité en la matière est incontestable, se prononcent en faveur du souverain territorial tout en réclamant une liberté de passage atténuée (1).

Mais d'autres juristes et hommes politiques, au nom de l'intérêt général, réclament la liberté absolue des passages maritimes.

On se rappelle que la première proposition en ce sens a été faite, pour les détroits du Bosphore et des Dardanelles, par le délégué russe au Congrès de Paris de 1856. Reculant devant de nombreuses difficultés quant à la garantie de cette liberté, le Congrès avait rejetée l'idée émise.

Depuis 1894, l'Institut de Droit International s'occupa de la question et fit des efforts visant particulièrement le droit et le devoir des neutres vis-à-vis des belligérants.

Vers 1898, M. Mischef, dans sa thèse sur la question de la mer Noire et des Détroits, envisage la liberté et l'ouverture complète de ces derniers, en tout temps et à tous les pavillons sans distinction, comme la solution la plus rationnelle de cet objet de litige international.

En 1907 à la deuxième Conférence de La Haye le délégué Hollandais proposa un amendement visant l'interdiction absolue de barrer les détroits qui unissent les deux mers libres (2).

Dans sa session de 1910, l'Union Interparlementaire envisagea également la question des détroits et canaux maritimes.

(1) En ce sens, Bonfils. Fauchille, *Manuel de Droit International Public*, Ed. 1912, N° 597, p. 316.
(2) *Actes et documents*, art. I, p. 305.

Après plusieurs sessions, la Commission constituée à cet effet approuva, dans la séance d'avril 1914 un projet dont l'article premier est ainsi conçu : « L'égalité de traitement et le droit de libre passage dans tous les détroits reliant deux mers non intérieures et dans les canaux interocéaniques proprement dits sont reconnus et assurés à tous les navires sans distinction de pavillon, soit en temps de paix, soit en temps de guerre. Le régime particulier des navires de guerre dans les détroits et canaux maritimes régis par des traités spéciaux restent réservés » (1).

Telle était la tendance de la doctrine avant la guerre. La liberté de circulation à travers les détroits et canaux semblait devenir un principe dont le Bosphore et les Dardanelles faisaient seuls exception.

Sans nier l'influence de ce courant doctrinaire et de ce mouvement juridique, nous croyons toutefois que leur rôle ne fut pas décisif pour étendre et appliquer le principe de la liberté à ces détroits. Nous savons que ceux-ci constituèrent, au cours du siècle précédent et jusqu'à ces dernières années, le point le plus sensible de l'équilibre européen, et le régime de leur fermeture ne fut autre chose que l'expression même de cet équilibre. Un changement de ce régime n'était possible qu'avec une transformation correspondante dans les facteurs politiques. C'est, à notre sens, dans une pareille modification des conditions de l'équilibre politique qu'il faut chercher les raisons essentielles du nouveau régime des Détroits.

(1) Voir procès-verbaux de la Commission des Détroits et des Canaux maritimes, 1-5.

III

La Modification des Facteurs Politiques

Le traité de Berlin de 1878 ouvre dans la question d'Orient une nouvelle phase laquelle devait orienter l'évolution du problème des Détroits vers une solution nouvelle.

Ce traité, qui consacrait le second partage de l'Empire ottoman, introduisit dans la question d'Orient deux nouveaux facteurs d'une importance particulière : en donnant satisfaction aux aspirations des peuples balkaniques, il créa des Etats autonomes et indépendants ; il engagea résolument l'Autriche dans les affaires de l'Orient.

La Turquie perdait, non seulement toutes les principautés vassales (Roumanie, Serbie, Bulgarie), mais encore la moitié de son territoire en Europe. Sauf la France qui n'était allée au Congrès que pour en revenir « les mains nettes » et l'Allemagne dont le chancelier déclarait qu'elle ne devait y jouer que le rôle « d'un honnête courtier », toutes les autres grandes puissances obtenaient leur part dans le festin oriental : la Russie s'attribuait la Bessarabie, l'Autriche s'installait en Bosnie-Herzégovine, enfin, l'Angleterre acceptait la charge d'administrer Chypre.

Examinons brièvement les conséquences de la présente situation.

L'apparition de certains Etats autonomes sur les rivages de la mer Noire devait donner un aspect nouveau au vieux problème des Détroits. La mer Noire n'étant plus désormais le domaine exclusif des deux rivales, la Turquie et la Russie, la règlementation de son accès devait répondre au besoin que la situation actuelle venait de créer.

N'exagérons pas cependant l'influence et le rôle de ces Etats, du moins au début de leur création, pour avoir contribué au changement du régime des Détroits, et arrivons à la conséquence la plus importante de l'acte du Congrès de Berlin.

A la victoire de Sadowa, M. de Bismark conseilla au vainqueur de ménager l'Autriche, définitivement expulsée d'Allemagne, afin de s'en servir comme une marche sûre pour porter la grandeur du nouvel empire vers les horizons lointains de l'Orient. Cette politique fut précisée davantage et prit un commencement d'exécution au Congrès de Berlin. A l'instigation et avec l'appui de Bismark, l'Autriche occupa la Bosnie-Herzégovine et, de ce fait reprit sa politique balkanique.

Elle se dressait ainsi dans les Balkans contre l'ambition russe et entendait y jouer le rôle que sa vocation semblait lui imposer. Mais pourrait-elle soutenir effectivement cette lutte? Le chancelier du roi de Prusse lui fit comprendre qu'elle ne le pouvait pas sans l'appui de l'Allemagne et qu'elle devait par conséquent lier son avenir à celui de ses frères allemands : l'alliance Austro-Allemande fut conclue en 1879.

Ce premier noyau s'agrandira bientôt par l'adjonction de l'Italie, laquelle, brouillée avec la France au sujet de la question de Tunisie, se laissa gagner par Bismark et contribua ainsi à l'achèvement de la puissance des empires centraux.

Le fait devait déterminer une rupture dans l'équilibre européen. C'était le pangermanisme qui se posait en rival aux Balkans, sur le chemin de la Russie ; en Asie devant l'Angleterre.

L'Empire allemand joignant sa puissance économique à sa grandeur militaire portait ses visées vers Constantinople, l'Asie Mineure et jusqu'à la Mésompotamie. Il se chargeait volontiers de rénover la Turquie, de lui rendre la vitalité qu'elle paraissait avoir perdue. A cet effet, il organisait son armée et lui créait des forces économiques et des moyens de domination politique.

Bref, l'Allemagne, la dernière venue sur le marché oriental, tendait à remplacer en Turquie la France, dans ses œuvres de civilisation ; l'Angleterre dans son rôle de protectrice et, enfin, la Russie dans sa politique de domination. Et, ce n'était pas seulement en Orient que la Triple-Alliance faisait sentir sa force, elle était aussi imposante dans le domaine colonial et dans les affaires de l'Europe.

Les autres puissances, restées isolées, n'avaient qu'à s'entendre et s'opposer à l'hégémonie germanique.

Certaines circonstances devaient faciliter un premier rapprochement entre la France et la Russie, lequel aboutit à une alliance définitive. Restait l'Angleterre qui persistait dans son « splendide isolement ».

Mais cette situation ne devait pas durer plus longtemps : le roi Edouard VII en prit l'initiative et, après avoir liquidé certains litiges portant sur des questions coloniales, l'Angleterre consentit à une entente avec la France à laquelle, un peu plus tard, la Russie donna son adhésion.

La formation de ces blocs politiques, cette division du vieux concert européen en deux tronçons vers les dernières années du XIXe et au début du XXe siècle devait transformer la face des choses et amener un changement de vues et d'intérêts dans la solution du problème des Détroits. Le régime de 1841, inspiré uniquement de la rivalité anglo-russe, demeure toujours identique, tandis qu'autour de ce régime il s'est créé de nouveaux intérêts, il s'est formé de nouvelles coalitions.

Les Détroits ne sont plus cet objet de compétition traditionnelle entre Anglais et Russes et ont cessé d'être cette barrière destinée à interdire à la Russie la Méditerranée. C'était une tierce puissance, l'Allemagne, qui se mettait entre les deux rivales et prétendait barrer la route de Constantinople à l'une comme à l'autre.

Dès lors, le régime de la fermeture des Détroits se trouvait complètement dévié de son but. Il commençait à gêner singulièrement l'Angleterre autant qu'il servait à faciliter la tâche de l'Allemagne. Il était évident qu'une alliance éventuelle des Jeunes-Turcs avec cette dernière aurait pour résultat d'emprisonner la Russie dans la mer Noire et de la séparer de l'Angleterre, son alliée.

II

Cette prévision ne devait pas tarder à se réaliser : le 11 août 1914, la Turquie signait avec l'Allemagne un traité d'alliances contre la Russie. Dès le lendemain, deux croiseurs allemands, *Goeben* et *Breslau*, qui étaient poursuivis par la flotte des alliés, se présentaient devant les Dardanelles. La Turquie donnait passage aux fugitifs et fermait immédiatement la porte aux Anglais.

Nous ne pouvons pas discuter ici si l'action de la Porte était conforme à ses engagements antérieurs ou si elle était une violation de la neutralité. A notre sens, ce point n'a pas d'importance, car la Turquie en agissant de la sorte donnait le signal de la guerre. Il n'était donc pas question ni des règles de la neutralité, ni des stipulations de la Convention des Détroits. L'entrée des croiseurs allemands dans les Dardanelles était le prologue de la participation de la Turquie à la guerre aux côtés de l'Allemagne. Et, rien n'était plus naturel ; les Turcs « voyaient leur empire démembré d'année en année par les soins de la Triple-Entente de plus en plus influente dans les pays de l'Asie antérieure ; les victoires des Balkaniques en 1912-1913 avaient été favorisées par le concours militaire et diplomatique de la Russie, de la France et de l'Angleterre... En vérité la Turquie ne pouvait pas ne pas s'allier avec l'Allemagne... » (1). A vrai dire c'était le moment pour la Turquie de s'émanciper de la plus ridicule des tutelles à laquelle l'avidité des Puissances, plus que ses propres fautes, l'avait soumise. C'était l'heure pour elle de se révolter, de reconquérir son droit à la vie, au bonheur. Pour ne pas subir un jour, qui ne paraissait pas loin, le sort de la Pologne et de tant d'autres nations victimes, elle se vit forcée d'agir, et elle agit.

Comment accuser un peuple d'avoir voulu se défendre qui, après des siècles de gloire, venait de tomber dans la plus cruelle disgrâce et auquel n'était resté positivement au monde d'autre rôle que d'offrir son dos aux exercices de subtilité des diplomates.

L'honneur national, l'avenir de la race, les glorieux souvenir des ancêtres, voilà ce que les Turcs devaient sauver, défendre et perpétuer.

Pourtant le cabinet de Londres ne voyait point les choses

(1) E. Driault. *La Question d'Orient*, p. 420.

ainsi. Le geste de la Turquie, sa participation à la guerre contre son alliée la Russie, constituait à ses yeux, un crime des plus impardonnables. Il y voyait le signal de la défaite de sa politique orientale. Aussi n'hésita-t-il pas d'envisager, dès 1915, un démembrement définitif, de l'Empire ottoman ; il offrit Constantinople et les Détroits au tsar.

Mais l'affaire la plus urgente, c'était de débloquer la Russie; de lui ouvrir des voies de ravitaillement par mer. L'Angleterre, avec l'assistance de la France, décida de forcer les Détroits.

On se rappelle quel terrible spectable offrit aux yeux l'expédition des Dardanelles. Le tsar Nicolas, hésitant au moment de la première proposition anglaise, s'éveilla soudain et, croyant que le Turcs allaient se fondre sous le feu infernal de l'irrésistible flotte anglaise, fit connaître, dès mars 1915, aux représentants des Puissances alliées sa décision d'annexer à la Russie la Thrace et Constantinople. A condition toutefois que la « ville même de Constantinople pouvant être soumise à un régime spécial qui tiendrait compte des intérêts des autres puissances » (1).

L'Angleterre et la France accédèrent à cette proposition, et des accords furent conclus entre ces dernières au sujet du partage des autres parties de la Turquie.

« L'homme combine, mais Dieu dispose » disent les Musulmans. La fin tragique de l'entreprise des Dardanelles, suivie bientôt par la débâcle russe, fit tomber tous ces projets.

De ces événements politiques et de ces projets de partage, il se dégage une conclusion qui indique nettement l'orientation de l'évolution du problème des Détroits.

(1) Lavisse, *Histoire de France contemporaine*. Chap. IX. p. 533.

L'Angleterre n'a plus de confiance dans le dévouement à son égard de l'ancien gardien des portes de la mer Noire. De plus, ces récentes expériences lui ont montré que ces portes ne sont pas aussi fragiles qu'elle le croyait. Dès lors, du moment que l'on ne pouvait pas les ouvrir par la force, on n'avait qu'à s'adresser à la diplomatie. Le triomphe de celle-ci devait être d'autant mieux assuré que les tendances actuelles du Droit et de la doctrine donnaient à la thèse de l'ouverture tout leur appui précieux. D'autre part, cette ouverture serait sans garantie et précaire si l'on ne prenait pas le soin d'empêcher la Turquie de répéter ce qu'elle venait de faire. L'ouverture des Détroits impliquait donc un corollaire, l'internationalisation et la démilitarisation.

Remarquons d'ailleurs que si l'Angleterre consentit, par les accords de mars 1915 et de mars-avril 1916, à céder la capitale ottomane et les Détroits à la Russie, c'était la rançon, pour ainsi dire, d'une nécessité impérieuse.

Elle avait à choisir entre deux maux : l'Allemagne et la Russie. Son option pour cette dernière était d'autant plus justifiée que son alliance avec elle paraissait effacer le rôle de la Turquie dans l'équilibre européen. Comme l'écroulement de la Russie tsariste rendait inévitablement aux Turcs leur rôle traditionnel, le cabinet de Londres fut amené à envisager une nouvelle solution de la question turque inspirée cette fois, non pas d'un besoin urgent, mais des intérêts futurs de l'Angleterre.

Le premier ministre anglais donna la formule de cette solution au début de l'année 1918 : Constantinople devait rester turque mais les Détroits devaient être libres. « Nous ne contestons pas, disait M. Lloyd George, le maintien de l'Empire ottoman dans les pays habités par la race turque, ni le maintien de sa capitale à Constantinople, les Détroits étant internationalisés... » (1).

Evidemment, des centaines de mille Turcs qui trouvèrent la mort sur les champs d'honneur de Gallipoli, de Seddul-Bahir, de Koum-Kala, etc... étaient là pour inspirer aux consciences que Constantinople devait demeurer turque.

C'était, du reste, la solution proclamée, le 8 juin 1918, par le Président Wilson dans ses quatorze points dont l'article 12 contenait les principes suivants : Limitation de la souveraineté ottomane aux régions réellement turques ; autonomie pour les autres nationalités ; garantie de la liberté des Détroits.

Après la rupture du front bulgare (septembre 1918) la Turquie, dans l'espoir d'aboutir à une paix sur la base indiquée dans cet article 12, signait, le 31 octobre 1918, l'armistice de Mondros, suivi par l'armistice du 11 novembre qui mit fin au grand démêlé mondial.

Précisons davantage la situation. L'Allemagne est hors de jeu ; la Russie bouleversée par les révolutions est impuissante; la France, trop absorbée par la question allemande, a les yeux fixés du côté du Rhin ; enfin la Turquie, en décomposition complète, attend la sentence de sa mort. C'était donc le meilleur moment pour l'Angleterre de réaliser le grand dessein de sa politique orientale : établir définitivement son hégémonie sur les terres et sur les mers qui séparent Malte et l'Egypte de la Perse, de l'Afghanistan et des Indes. En somme, la nécessité « de garder la route des Indes » paraissait être assurée.

Mais il importait de ne pas laisser aux Turcs la possibilité

(1) Discours prononcé le 5 janvier 1918, devant les délégués des Trade-Unions.

de résurrection. Tout en laissant Constantinople au sultan, il fallait lui enlever tout pouvoir d'agir, tout espoir de se recueillir ; bref, il fallait désigner un gendarme pour contenir les Turcs, indociles à l'Angleterre, et pour assurer la sécurité du chemin de la domination britannique.

La décision du « Conseil Suprême » des Quatre « Puissances alliées et associées », qui autorisaient les Grecs, le 14 mars 1919, à débarquer à Smyrne, répondait à ce souci. Sur ce fait, un commencement de résistance turque se manifesta, et amena les Anglais à occuper à Constantinople les Ministères, à établir un contrôle direct sur les finances du gouvernement et à arrêter les écrivains, les poètes et tous ceux qui voyaient le lamentable sort du peuple turc.

Ce fut dans ce moment de désespoir et d'humiliation sans précédent que les plénipotentiaires du sultan signèrent, le 10 août 1920, l'acte de haine et de vengeance appelé « *Traité de Sèvres* ».

Résumons en quelques lignes les principes du régime que ce traité établissait pour les Détroits, principes qui vont servir de base, avec certaines modifications, au système actuel.

Le traité de Sèvres consacrait l'ouverture absolue des Détroits : « La navigation des Détroits, dit l'article 37 serait ouverte dans l'avenir aussi bien en temps de paix qu'en temps de guerre à tous les vaisseaux de commerce et de guerre, ainsi qu'aux aéronefs militaires et commerciaux sans distinction de pavillon ».

Pour garantir cette mesure de liberté, il prévoyait la démilitarisation complète de toutes les régions avoisinantes des Détroits, y compris celles de la mer de Marmara.

Comme organe de contrôle, il préconisait, en s'inspirant de

ce qui a été fait pour le Danube, la création d'une commission internationale. Celle-ci devait être composée de représentants des grandes puissances et de représentants de la Grèce, de la Roumanie et de la Bulgarie à l'exception de la Turquie. L'entrée de la commission était interdite à cette dernière. La commission possédait une liberté d'action complète et jouissait de la personnalité juridique, avait son pavillon, son budget, exerçait un large pouvoir de règlement et de police.

Enfin, la sauvegarde de ce système était confiée au soin et à la vigilance des trois puissances (la France, l'Angleterre, l'Italie), dont les flottes seraient chargées de garder les Détroits contre toute entreprise malveillante. C'était un sorte de gendarmerie internationale que les trois puissances allaient exercer.

Ce traité donnait au problème des Détroits une solution purement anglaise et marquait l'apogée de la politique victorieuse de l'Angleterre. Mais, loin de résoudre les difficultés, il en ajoutait d'autres et embrouillait davantage la question d'Orient. Aussi resta-t-il lettre morte. En vain, la diplomatie anglaise essaya de le faire ratifier et exécuter. A cette fin et devant les difficultés d'une action directe, l'Angleterre s'adressa aux Grecs et les lança sur les Turcs. C'est alors que l'armée héllène entreprit une œuvre d'atrocité et d'extermination qui finit par provoquer une réaction violente du nationalisme turc. C'était trop. La volonté de vivre, et vivre avec honneur, s'éveilla dans l'âme turque. Sous la conduite géniale du grand patriote, Moustapha Kemal pacha, les Turcs se mirent à la défense de leur patrie et balayèrent celle-ci des envahisseurs. Avons-nous besoin de décrire ces événements d'hier dont le souvenir est encore présent aux esprits. Il nous suffit de signaler simplement quelques faits qui serviront de point de départ à un nouvel examen de l'interminable question d'Orient.

Après une lutte sans merci, qui dura près de deux années, au début du mois de septembre 1922, l'armée nationale turque ouvrit une offensive vigoureuse, et, en quelques jours, anéantit l'armée grecque. Dès le 9 septembre les avant-gardes de l'armée de Moustapha Kemal pacha rentraient à Smyrne. Et, le gouvernement grec, réduit à l'impuissance, faisait appel aux Alliés. Il demandait la conclusion d'un armistice et consentait à évacuer toute l'Asie-Mineure.

Transmises au Gouvernement national turc, ces propositions furent acceptées. Les représentants des Puissances alliées, réunis à Paris le 20-23 septembre, décidèrent la convocation d'une Conférence en vue de rétablir la paix entre la Turquie et la Grèce. En attendant, les généraux alliés à Constantinople et le représentant de la Turquie, Ismet pacha, se réunirent à Moudania pour fixer les conditions de l'armistice qui fut signé le 11 octobre 1922. La Turquie s'engageait à respecter la zone neutre, garantissait la liberté des Détroits ainsi que les forces alliées ; d'autre part, la Grèce s'obligeait à évacuer la Thrace dans un délai de 15 jours.

C'était une nouvelle page qui s'ouvrait dans l'histoire du peuple turc. Après des années de malheurs et de souffrance, il allait enfin recueillir le fruit de ses efforts et sacrifices : son indépendance..

Peu après la signature des accords de Moudania, Moustapha Kemal pacha mettait en œuvre son génie organisateur et entreprenait la rénovation complète de la Turquie. Sous sa direction, l'Assemblée Nationale d'Angora vota une série de réformes d'ordre politique et social d'une importance sans précédent. Par un ensemble de décisions désormais célèbre, elle proclama le 30 octobre 1922 la déchéance de Mehmed-Vahiduddine, malheureux sultan qui, pour sauver son trône, s'était laissé gagner par les Anglais. Elle décida la séparation de l'Etat et de la religion ; et enfin proclama l'annulation de tous les traités et conventions, signées par le gouvernement de Constantinople depuis le 16 mars 1920. La caducité du traité de Sèvres était ainsi définitive.

La Conférence pour « rétablir la paix générale en Orient » se réunit à Lausanne et inaugura ses travaux le 20 novembre 1922.

La situation n'était pas comparable avec celle de 1920. De vaincus ét désarmés qu'ils étaient, les Turc allaient se présenter à Lausanne en vainqueur et demander à l'Europe la reconnaissance sans réserve de leur indépendance.

Remarquons cependant qu'à l'issue de tous ces bouleversements, le principe de la liberté des Détroits apparaît intact. C'est un point qui demeure acquis et sur lequel le cabinet de Londres n'entend plus revenir.

CHAPITRE PREMIER

Le Régime des Détroits a la Conférence de Lausanne

I

Les Projets de Convention

La Conférence de Lausanne avait pour but de rétablir la paix en Orient. Son programme était large et comprenait des matières difficiles à règler. On devait résoudre des questions pendantes depuis des années ; notamment on avait à fixer les frontières nouvelles de la Turquie, déterminer le statut des Détroits, discuter de l'abrogation des Capitulations, trouver une solution au problème des minorités éthniques et religieuses qui habitaient la Turquie et enfin répartir la dette ottomane. A côté de cette énorme tâche, la question de la paix turco-grecque restait secondaire. Aussi fut-elle vite réglée. Les autres matières donnèrent lieu à de nombreux débats dont l'examen reste en dehors du cadre de notre étude.

Quant à la question des Détroits elle fut d'abord étudiée et discutée par une commission chargée de règler les questions territoriales et militaires. Cette commission se trouva, en ce qui concerne le régime des Détroits, en présence de trois thèses : des Alliés, de la Russie et de la Turquie. Toutes les discussions devaient se concentrer autour de ces trois points de vue.

1°. La thèse des Alliées n'était autre que la formule donnée dès 1918 par le premier ministre anglais. La France et l'Italie la faisaient leur sans rien y ajouter. Elle se résume en ces points : liberté de passage, démilitarisation et contrôle (1).

Nous avons vu, dans le chapitre précédent, les motifs d'ordre politique qui poussaient l'Angleterre à adopter cette formule ; nous n'avons pas à y revenir. Mais il est intéressant de connaître, au seuil de cette étude du nouveau régime, les raisons de caractère juridique sur lesquelles insistèrent particulièrement les représentants des Alliés.

Ces raisons peuvent être résumées et présentées de la manière suivante. La mer Noire, étant un domaine international comme la Méditerranée, doit être absolument libre à la navigation commerciale de toutes les nations sans distinction. Cette liberté, pour ne pas rester illusoire demande à être garantie. Et, elle ne peut l'être qu'autant que les marines militaires des Puissances protègent leur pavillon commercial. Or, cela n'est possible qu'en reconnaissant et en assurant la liberté complète de passage dans les Détroits. Ceux-ci étant une voie de communication entre deux domaines internationaux, la Méditerranée et la mer Noire, doivent nécessairement être considérées comme une propriété appartenant à la communauté des peuples sur laquelle aucune souveraineté particulière ne saurait s'exercer au préjudice de cette communauté. Mais comment concilier cette idée avec la nécessité de sauvegarder la sécurité de l'Etat territorial et comment prévenir les multiples inconvénients qui peuvent éventuellement résulter d'une pareille situation pour la Turquie.

La thèse des Alliés répond à cette objection importante : que la sécurité et les droits souverains de la Turquie peuvent

(1) Discours de M. Lloyd George, cit. p.

et doivent être sauvegardés par un système de garanties particulières que l'on établira à cet effet. Il suffit que ces garanties ne soient pas de nature à rendre illusoire la liberté de passage. En somme, il importe que l'ouverture des Détroits soit assurée en temps de guerre comme en temps de paix à tous les navires de toutes les Nations sans distinction, si la Turquie n'est pas en guerre ; au moins aux navires des neutres, si la Turquie elle-même est belligérante.

La fermeture du passage ne sert qu'à créer une hégémonie militaire dans la mer Noire, laquelle devient une cause constante de l'insécurité du commerce international dans cette mer. Le seul moyen d'éviter l'apparition d'une hégémonie et d'établir un équilibre des forces militaires c'est l'ouverture sans entrave des Détroits (1).

Ces arguments sont présentés et défendus avec vigueur par l'observateur délégué américain à la Conférence M. Child, dont nous reproduisons en note des passages essentiels (2). Il résu-

(1) Voir *Livre Jaune*, t. I.

(2) « La liberté des Détroits est une expression trop limitée pour s'appliquer à l'objet tout entier de la discussion. Cette discussion concerne également la liberté de toutes les nations riveraines de la mer Noire et toutes les nations situées en dehors des Détroits qui désirent les atteindre dans leur course pacifique...

« Nous ne pouvons accepter le point de vue que l'avenir du commerce dans la mer Noire soit l'affaire exclusive des Etats qui bordent cette mer ; nous affirmons que toutes les nations de la terre ont droit de s'en préoccuper. Il n'est pas soutenable qu'une nation quelconque ait, par un privilège géographique, le pouvoir de priver de ses droits les autres nations. La domination illimitée des Détroits et de la mer Noire par une nation quelconque est contraire à la politique du monde...

« ...Il est impossible pour moi de passer sous silence la proposition faite par une des délégations d'exclure par des accords de ce genre tous les navires de guerre de la mer Noire. (C'était la proposition de la délégation bulgare qui visait la neutralisation de cette mer comme en 1856.) Je trouverais tout aussi raisonnable d'exclure les bâtiments de guerre de toutes les eaux internationales. Aucun peuple n'a été plus loin que les Etats-Unis dans la voie du désarmement naval, mais aucun peu-

mait ses déclarations en ces termes : « D'accord, je crois, avec toutes les autres nations commerçantes, nous désirons avoir accès à toutes les mers libres dans le monde et *nous ne serons pas satisfaits si nos bâtiments de guerre ne peuvent poursuivre leur course pacifique partout où peuvent aller nos citoyens et nos navires...* »

Cela veut dire en une formule plus générale que partout où se rendent les citoyens d'un Etat, les navires de guerre de celui-ci doivent les suivre.

2°. La thèse russe, c'était la reconnaissance et le maintien de la souveraineté exclusive de la Turquie sur les Détroits.

Le contre-projet que M. Tchitchérine apporta et soutint devant la commission, déclarait que les Détroits seraient fermés à tous les bâtiments de guerre, à l'exception de ceux de la Turquie ; que celle-ci aurait le plein droit de prendre toutes les mesures nécessaires pour assurer sa souveraineté et pour garantir le principe de fermeture des Détroits aux vaisseaux de guerre étrangers.

C'était, on le voit, une solution tout à fait opposée à celle des Alliés. Cette thèse témoignait un respect absolu de la souveraineté de la Turquie et, de ce fait, lui était très favorable. Mais ne cachait-elle pas, sous cette apparence, certaines inquiétudes et n'était-elle pas une réaction contre la politique dominante de la Grande-Bretagne ? On n'en doutera pas si on tourne les yeux vers les années d'après-guerre.

ple ne serait plus disposé à soutenir cette vue de bons sens qu'il faut conserver une force navale suffisante pour servir de police sur les mers libres, pour protéger ses citoyens et ses navires, où qu'ils soient pour supprimer la piraterie et les dangers de même ordre et pour agir parfois dans l'intérêt public ou venant en aide à ceux qui souffrent, ainsi que les bâtiments de guerre l'ont fait récemment dans le proche d'Orient... » (*Livre Jaune*. T. I, page 123).

En réalité, c'était le réveil du vieux conflit anglo-russe, la lutte séculaire pour les Détroits. Cette lutte avait été un moment assoupie, d'abord par le système d'alliance, puis par l'éclipse russe de 1917. Profitant de cet éclipse, l'Angleterre avait accaparé les routes continentales des Indes, avait mis la main sur les gisements de pétrole persans et caucasiens.

Mais depuis, la politique soviétique avait évolué, et les Soviets semblaient reprendre le projet de la Russie tsariste : la descente vers la mer libre. L'accord turco-russe du 16 mars 1921 rappelait aux Anglais le traité de Hunkar-Iskélessi. L'article 5 de cet accord spécifiait que « les Détroits seront libres et ouverts aux transactions commerciales de tous les peuples, le statut définitif en sera règlé par une commission internationale qui devra reconnaître la souveraineté de la Turquie sur les Détroits de Constantinople ».

Ainsi, la Russie se dressait encore une fois contre la Grande-Bretagne.

La thèse de M. Tchitcherine visait aussi un autre but bien positif : le rétablissement de la prédominance russe dans la mer Noire. Cela ressort nettement de l'article 21 du contre-projet, ainsi conçu : « Les Puissances contractantes sont d'accord pour élaborer et signer, dans un délai de trois mois après l'adoption du présent Règlement, un acte international reconnaissant la mer Noire comme étant une mer close des Puissances riveraines... ». Ce système de *mare clausum* n'était autre que la consécration de l'hégémonie russe dans la mer Noire. Aussi fut-il repoussé non seulement par les Puissances maritimes, mais encore par la Bulgarie et la Roumanie. Il ne reçut pas d'ailleurs de la Turquie elle-même un appui direct (1).

(1) V. le contre-projet russe dans le *Livre Jaune*, T. I, p. 207.

Toutes ces propositions russes brisèrent la patience de la délégation anglaise. Lord Curzon exposa, au nom des Alliés, ses réfutations dans un long discours dont nous rapportons certaines citations :

« L'histoire de ces régions abonde en exemples de la manière dont se sont exercées l'hégémonie de la Russie en mer Noire et la surveillance de la Turquie sur les Détroits...

« Des critiques plus précises peuvent être faites à la formule de M. Tchitchérine. Tout d'abord, outre qu'elle ne tient pas compte du principe de droit international suivant lequel le passage entre deux mers devrait être considéré comme une voie internationale, elle donnerait à la Russie si elle était adoptée par cette Conférence, une position exceptionnelle et injustement avantageuse dans la mer Noire.

« En d'autres termes, alors que les bâtiments de guerre russes et turcs ont, conformément au droit international, le libre passage dans les canaux de Suez, de Panama et de Kiel et dans tous les autres détroits du monde, M. Tchitcherine propose de refuser aux autres nations le même droit quand il s'agit du passage de la Méditerranée à la mer Noire. En second lieu M. Tchitcherine soutient que l'ouverture des Détroits aux vaisseaux de guerre serait à l'avantage de la puissance navale la plus forte, mais il a omis de dire que la fermeture de la mer Noire mettrait les autres Etats riverains à la merci de la puissance maritime qui possédait les forces de terre les plus fortes, en d'autres termes à la merci de la Russie elle-même... » (1).

3°. La thèse de la Turquie, présentée sous forme d'un contre-projet et soutenue par Ismet pacha, était *la liberté limitée.*

(1) *Livre Jaune*, T. I, p. 118 et suiv.

Le contre-projet turc admettait le principe d'ouverture mais avec certaines réserves qui consistaient dans la limitation et la règlementation de l'entrée des navires de guerre dans les deux Détroits. La Turquie acceptait en principe la démilitarisation, mais le souci de sauvegarder sa sécurité lui faisait un devoir d'en réduire l'étendue. Etant un Etat libre et indépendant, elle repoussait, par contre, toute immixtion d'une commission internationale des Détroits dans ses affaires. La Turquie demandait, enfin, aux Puissances *l'engagement collectif et individuel de respecter l'inviolabilité des Détroits et de n'y commettre aucun acte de guerre.*

En somme, la seule inquiétude que la Turquie éprouvait, c'était l'insécurité de son territoire qui résultait du projet des Alliés. Les mesures et les réserves proposées par elle, n'avaient abolument d'autre but que d'assurer sa sécurité. La bonne foi et la modération des vues du gouvernement de la nouvelle Turquie ne pouvaient être mises en doute. Il se tenait toujours sur sa décision première qu'il n'avait point changée malgré sa victoire et qui remonte au pacte national approuvé par l'Assemblée Nationale du 20 janvier 1920. D'après l'article 4 de ce pacte, la Turquie acceptait le principe de la liberté des Détroits, à la seule et expresse condition que la sécurité de Constantinople soit assurée. Tous les efforts d'Ismet pacha à Lausanne n'avaient d'autre objectif que la détermination de cette condition. Nous verrons dans la suite si cette seule et expresse condition est réalisée.

La discussion fut longue. Les adversaires restèrent dans leur position respective, et cela dura trois semaines (1). Devant

(1) Pour le détail des discussions et des débats, voir le *Livre Jaune* en 2 forts volumes, Imprimerie nationale.

la campagne que menait Lord Curzon, ni les Turcs, ni les Russes ne purent assurer le succès de leur thèse. Finalement, Ismet pacha déclara accepter le traité sur la base du projet des Alliés et prouva ainsi le désir sincère de la Turquie d'arriver au rétablissement de la paix.

Le 31 janvier, le projet de convention était arrêté.

II

La Convention de Lausanne

La Conférence de Lausanne, malgré une interruption et de nombreuses difficultés qu'elle rencontrait sans cesse, aboutit, le 24 juillet 1923, à la conclusion d'un « Traité de Paix » dont l'article 23 contient la déclaration suivante :

« Les Hautes Parties contractantes sont d'accord pour reconnaître et déclarer le principe de la liberté de passage et de navigation par mer et dans les airs, en temps de paix comme en temps de guerre, dans le détroit des Dardanelles, la mer de Marmara, et le Bosphore, ainsi qu'il est prévu dans la convention spéciale conclue à la date de ce jour relativement au régime des Détroits. Cette convention aura même force et valeur au regard des Hautes Parties contractantes que si elle figurait dans le présent Traité ».

Conformément à cette disposition, une « Convention concernant le régime des Détroits » et comprenant vingt articles et une annexe fut signée le même jour par l'Empire britannique, la France, l'Italie, le Japon, la Russie, la Turquie, la Bulgarie, la Roumanie, l'Etat serbo-croate-slovène et la Grèce (1).

(1) Ce procédé de consacrer au régime des Détroits un acte spécial

La liberté de passage et de navigation est le principe de base de la Convention. Ce principe se présente entouré d'un système de garantie étudié et règlé d'une manière telle que l'on peut considérer la Convention de Lausanne comme un chef-d'œuvre de la technique juridique. Ce système de garantie s'analyse en trois points principaux : la démilitarisation comme garantie directe de la liberté, l'internationalisation sous forme d'un organe de contrôle enfin un ensemble de sanctions.

Liberté, démilitarisation, contrôle et sanctions tel sera notre plan à suivre dans l'étude du nouveau régime.

et de le séparer ainsi du Traité de Paix, qui est de nature transactionnelle, présentait d'abord cet avantage de le revêtir d'un caractère juridique, de signifier que le régime est l'objet d'un traité-contrat entre les parties qui visent le même but. Ensuite, le même procédé permettait de faire intervenir, dans la Convention des Détroits, la Russie et la Bulgarie tout en les écartant des délibérations générales du Traité de Paix.

CHAPITRE II

Etude Juridique du Nouveau Régime

I

Le principe du libre passage et son application pratique

On lit dans l'article premier de la Convention qui reproduit sur ce point l'article 23 du Traité de Paix : « Les hautes parties contractantes sont d'accord pour reconnaître et déclarer le principe de la liberté de passage et de navigation par mer et dans les airs dans les détroits des Dardanelles, la mer de Marmara et le Bosphore ci-après compris sous la dénomination générale du Détroit ».

Suivant cette déclaration de principe et les dispositions de l'importante annexe à l'article 1er, il y a lieu de distinguer :

I. Le Passage des navires de commerce ;
II. Le passage des bâtiments de guerre.

Pour chacun de ces deux cas, il y a lieu de supposer :

A) Le passage en temps de paix ;
B) Le passage en temps de guerre :
Deux hypothèses :
a) La Turquie restant neutre ;
b) La Turquie étant elle-même belligérante.

I. — Le passage des navires de commerce (y compris les navires-hôpitaux, yachts et bateaux de pêche et enfin les aéronefs non militaires).

A. — En temps de paix.

Ces navires ont « complète liberté de passage et de navigation » en tout temps et sans formalité sous les seules réserves suivantes :

1°) Les navires de commerce doivent se soumettre aux formalités établies par des « dispositions sanitaires internationales ».

2°) Ils doivent acquitter les taxes provenant des « services directement rendus, telles que taxes de pilotage, phares, remorquage ou autres de même nature ».

3°) A l'entrée des Détroits, ils doivent signaler au poste indiqué par le gouvernement turc leur identité, leur tonnage et leur destination.

B. — En temps de guerre :

a) La Turquie restant neutre.

C'est le même principe d'absolue liberté de passage et de navigation.

La Turquie ne pourra prendre aucune mesure susceptible d'entraver la navigation commerciale « dans les Détroits dont les eaux et l'atmosphère doivent rester libres en temps de guerre, la Turquie étant neutre, aussi bien qu'en temps de paix (§ 1° b).

b) La Turquie étant elle-même belligérante.

Il faut distinguer les navires de commerce et les aéronefs

non militaires suivant qu'ils appartiennent à des Puissances neutres ou à celles qui sont en guerre avec la Turquie.

1°) Le passage et la navigation restent en principe libres pour les navires et aéronefs des neutres.

Cependant, pour empêcher leur assistance à l'ennemi, la Convention reconnaît à la Turquie le droit de visite qu'elle exercera dans la limite établie et conformément aux règles de droit international. « A cette fin, les aéronefs devront atterrir ou amerrir dans telles zones qui seront fixées et aménagées à cet effet par la Turquie ».

2°) Le passage est interdit aux navires et aéronefs ennemis. A cet égard la Turquie recouvre son entière liberté de prendre telles mesures « admises par le droit intenational », de ce qu'elle jugera nécessaire pour empêcher « les navires d'utiliser les Détroits ».

Toutefois, cette liberté d'action de la Turquie ne doit pas aller jusqu'à rendre le passage impossible pour les navires des neutres. Elle s'engage à fournir à ces derniers « les instructions ou pilotes nécessaires » (1).

II. — Le passage des bâtiments de guerre.

A. — En temps de paix :

« Complète liberté de passage » sans distinction de pavillon, sans aucune formalité, ni charge, même pour des services directement rendus (2).

Cette liberté si complète qu'elle soit comporte toutefois deux importantes restrictions, l'une dans l'intérêt de la Turquie, l'autre dans l'intérêt général des riverains de la mer Noire.

(1) Paragraphe 1. e.
(2) Paragraphe 2. a.

1°) Les bâtiments de guerre, contrairement aux navires de commerce, n'ont absolument qu'un droit de passage. Les conditions de leur navigation et de leur séjour dans les eaux des Détroits se trouvent déterminées par le paragraphe 4. « En aucun cas, les bâtiments de guerre en transit dans les Détroits, sauf en cas d'avaries ou de fortune de mer, y séjourner au-delà du temps qu'il est nécessaire pour effectuer leur passage... »

2°) Pour prévenir une attaque brusque et en vue de réaliser un certain équilibre des forces entre les riverains et les non riverains, la convention apporte une autre restriction à la liberté de passage. Elle consiste dans la limitation des force navales qu'un Etat non riverain pourra faire passer dans la mer Noire. Cette limitation comporte un maximum variable et un minimum invariable.

a) Un Etat non riverain ne pourra pas faire passer des forces dépassant le total « de la flotte la plus forte appartenant aux Puissances riveraines de la mer Noire et existant dans cette mer au moment du passage » (1).

b) Mais chaque puissance a le droit d'envoyer dans la mer Noire » une force n'excédant pas trois bâtiments dont aucun ne dépassera 10.000 Tonnes » (2).

Il convient de remarquer d'abord que cette disposition ne tend à réaliser qu'un équilibre momentané. Ensuite, la limitation ainsi imposée au passage des navires de guerre des puissances non riveraines de la mer Noire est strictement individuelle. Par conséquent, des puissances coalisées pourront en-

1) Paragraphe 2. *a*.
(2) Paragraphe 2.

voyer successivement ses navires de guerre dont le total partiel appartenant à chacune d'elle tout en ne dépassant pas la limite imposée, le total global pourra excéder la flotte la plus forte des riverains. La restriction en question n'est donc pas de nature à garantir suffisamment les riverains contre une coalition et une agression brusque.

Cette limitation ne concerne pas la Turquie qui peut faire circuler sa flotte dans les eaux turques. Elle ne concerne pas non plus les bâtiments légers que les Puissances entretenaient aux Bouches du Danube (1).

Le contrôle de l'observation de ces règles assez compliquées est de la compétence d'un organe spécial, la Commission des Détroits.

Lorsque nous arriverons à l'étude de celle-ci nous verrons la manière dont elle exerce ce contrôle.

On peut se demander toutefois, si, en cas de violation de ces règles, quelle part de responsabilité pourra être imputée à la Turquie, souveraine des deux rives des Détroits. « Aucune responsabilité, dit la Convention, n'incombera à la Turquie en ce qui concerne le nombre des bâtiments qui traversent les Détroits. « Le contraire eut été injuste étant donnée la mesure de démilitarisation, qui a privé la Turquie de tout moyen matériel pour sanctionner les limitations en question.

B. — En temps de guerre :

a) La Turquie étant neutre.

Le passage reste ouvert pour tout navire, neutre ou belligérant. Seulement, quand aux limitations prévues pour le temps

(1) *Livre Jaune*, art. 1, p. 233.

de paix, la Convention apporte une distinction basée sur ce principe de droit international que les Traités et Conventions « ayant pour effet ou pour but la consolidation ou le maintien » des relations pacifiques cesse d'exister dès que l'on entre en état de guerre (1). Par conséquent, tandis que ces limitations continuent à s'appliquer aux navires de guerre neutres, elles « ne sont pas applicables aux Puissances belligérantes au préjudice de leurs droits de belligérants en mer Noire (2) ».

La liberté de passage pour les belligérants est donc absolue et la Turquie ne pourra l'entraver sous aucun prétexte :

« Les droits et les devoirs de la Turquie comme puissance neutre ne sauraient l'autoriser à prendre aucune mesure susceptible d'entraver la navigation dans les Détroits dont les eaux et l'atmosphère doivent rester libres, en temps de guerre, la Turquie étant neutre, aussi bien qu'en temps de paix (3).

Comme contre-partie de cette obligation de la Turquie neutre, la Convention engage les puissances belligérantes de s'interdire tout acte d'hostilité dans les Détroits « il sera interdit aux bâtiments de guerre et aéronefs militaires des belligérants de procéder à aucune capture, d'exercer le droit de visite et de se livrer à aucun acte d'hostilité dans les Détroits » (4).

b) La Turquie étant elle-même belligérante.

Dans cette hypothèse on se trouve en présence de deux ordres de droits qu'il importe de concilier : le droit de guerre et de défense de la Turquie, et le droit de libre passage des navires neutres (de commerce ou de guerre).

(1) Paragraphe 2, *b*.
(2) M. Fauchille, *Traité de Droit International*, art. 11, p. 55.
(3) Paragraphe 2, *b*, al, 3.
(4) Paragraphe 2, *b*, al. 4.

La Convention concilie ces deux idées en reconnaissant « complète liberté de passage pour les bâtiments de guerre neutres » (1) sous les seules réserves des limitations prévues pour le temps de paix et en autorisant la Turquie « de prendre telles dispositions qu'elle jugera nécessaires pour empêcher les navires ennemis d'utiliser les Détroits » (2). La Turquie recouvre donc son entière liberté d'action pour se défendre contre des navires belligérants, et les neutres continuent à jouir de leur droit de libre passage.

Mais voici une charge vraiment difficile à exécuter : les mesures que la Turquie seraient amenées à prendre pour la défense de sa sécurité « ne seront pas de nature à interdire le libre passage aux navires neutres (de guerre ou de commerce) et, à cet effet, la Turquie s'engage de fournir aux dits bâtiments et aéronefs les instructions ou pilotes nécessaires » (3). La Turquie n'a donc pas le droit d'effectuer le barrage absolu des Détroits et, de plus, elle a l'obligation positive d'assister les navires de guerre ou de commerce neutres pour qu'ils effectuent sans danger le passage des Détroits.

Quant aux aéronefs militaires, neutres, le dernier alinéa du paragraphe 2. stipule qu' « ils effectueront le passage des Détroits à leurs risques et périls » et, comme il n'est pas toujours aisé de les distinguer des aéronefs de commerce, ils « seront soumis au droit d'enquête » (4).

(1) Paragraphe 2. c. al. 1.
(2) Paragraphe 1, c., al. 2.
(3) Paragraphe 2, c.. al. 2.
(4) On sait que suivant l'usage les navires de guerre ne sont pas soumis au droit de visite.

II

La Démilitarisation

Elle consiste en ce que dans certaines zones déterminées par la Convention, la Turquie et, dans une mesure très restreinte, la Grèce ne peuvent avoir aucune fortifications ni installations d'artillerie, ni bases navales et aéronautiques, ni installations sous-marines.

Nous savons quelles conditions favorables à la défense effective offre la situation géographique des Détroits. Il importait, par conséquent, aux auteurs de la Convention, de garantir la liberté du passage contre toute atteinte, notamment celle qui pouvait être portée par le souverain territorial. C'est en soumettant la Turquie a une servitude internationale qui l'empêcherait de fermer les Détroits, que les Alliés pensèrent assurer cette liberté. Aussi, toutes les propositions et objections qu'Ismet pacha apporta, au nom de la sécurité et le droit de défense de la Turquie, furent-elles repoussées. Après de longs débats, le sincère désir d'arriver à conclure la paix décida la Turquie à se résigner et à accepter cette mesure de démilitarisation.

Les zones démilitarisées comprennent : 1°) La presqu'île de Gallipoli et certains territoires au Nord de cette presqu'île : 2°) Deux bandes de terrain sur les deux rives du Bosphore ; 3°) Les îles de Marmara avec les eaux mêmes de cette mer et une certaine partie de ses côtes ; les îles de Somathras, Lemnos, Imbros, Tenedos et les îles aux Lapins, dans la mer Egée (1).

Quelles sont maintenant la nature juridique de l'obligation de la Turquie et les conditions des régions démilitarisées ? Pour y répondre il faut d'abord bien déterminer les caractères constitutifs du régime et le distinguer de la neutralisation dite locale ou partielle.

La définition donnée par la sous-commission dans son rapport met bien à jour la démilitarisation :

« Il faut entendre par zone démilitarisée, une étendue de territoire dans laquelle, *en vue d'éviter les causes de conflit* :

« a) Ne doit exister aucune organisation offensive ou défensive, c'est-à-dire aucun ouvrage de fortification permanente ou de campagne, aucun arsenal... »

« b) Ne doit stationner ou se mouvoir aucune force armée en dehors des éléments spéciaux nécessaires pour assurer « l'ordre intérieur et la surveillance des frontières ».

Juridiquement ce régime consiste donc dans un ensemble d'interdictions faites au souverain territorial. Il n'implique par conséquent d'obligations qu'à charge de celui-ci, sans contrepartie de la part des autres Etats contractants. Bref, c'est une convention unilatérale.

La conséquence pratique de ce caractère juridique, c'est que les régions démilitarisées ne jouissent d'aucune protection particulière. Elles sont inviolables tant que l'Etat territorial se trouve en paix. Mais dès qu'il entre en belligérance, ces zones perdent toute leur particularité et se trouvent soumises aux conditions du droit commun de la guerre. Elle ne sont donc

(1) Pour plus de détails se rapporter à l'art. 4 de la Convention.

prémunies contre les conséquences ordinaires de l'agression que seulement en temps de paix, par suite, leur inviolabilité est de caractère purement préventif.

Cette analyse sommaire met en évidence le danger auquel ce régime expose la Turquie. Elle ne peut entretenir, dans les régions démilitarisées aucun ouvrage de défense, elle a les mains liées en temps de paix. Et, dès qu'elle se trouve en présence d'une agression, on lui dit : Vous êtes libre, allez vous défendre. Mais, avec quoi ?...

Aussi, la Turquie éleva-t-elle les plus vives objections contre ce régime. Ismet pacha proposa un régime de garantie essentiellement différent. C'était la neutralisation locale (1).

Elle consiste dans une interdiction absolue pour toutes les parties contractantes, qui l'ont établie, de procéder à aucun acte de guerre dans une zone déterminée. On se trouve par conséquent en présence non pas d'un acte unilatéral, mais bien d'un acte synallagmatique ou bilatéral. Tandis que la démilitarisation n'impose d'obligation qu'à la charge de l'Etat territorial ; la neutralisation locale crée une obligation réciproque pour toutes les parties en cause, aussi bien pour l'Etat souverain que pour les puissances tierces. De plus, on vient de voir que la démilitarisation constitue un régime préventif ayant pour fonction d'éviter les causes de conflit pour maintenir la paix. Les interdictions qu'elle prescrit sont en vigueur seulement en temps de paix et se trouvent suspendues dans l'état de guerre. Tout au contraire, la neutralisation est une mesure répressive

(1) La différence entre la neutralisation locale et la neutralisation totale ou d'Etat, c'est que la première laisse entière la liberté à l'Etat soumis à ce régime, de recourir à la guerre. La seconde supprime la liberté de l'Etat de faire la guerre, sauf pour se défendre.

ayant pour fonction de limiter les conséquences d'un conflit déjà né. Les interdictions auxquelles ce système soumet les parties n'entrent en vigueur que lorsque l'Etat territorial se trouve en guerre (1).

Cette proposition d'Ismet pacha n'a pas trouvé faveur auprès des délégués alliés. La raison en est simple : si le régime que la Turquie proposait et qui visait exclusivement l'état de guerre était accepté, il aurait enlevé à l'ardent défenseur de la démilitarisation, nous voulons dire à l'Angleterre, la possibilité (bien entendu au point de vue du droit) d'exercer, en cas de besoin, une pression efficace sur la Turquie en dressant les canons de sa flotte au cœur même du pays. Cette considération se justifie si on jette un regard sur les régions dont la neutralisation était demandée par la Turquie. Elles constituent le point le plus sensible de cet Etat, et sont précisément celles par où l'Angleterre peut peser sur la décision de la Turquie.

III

L'Internationalisation

Les Détroits ouverts, les régions avoisinantes démilitarisées, il restait la création d'un organe de contrôle et d'information. L'article dix répond à cette idée : « Il sera institué à Constantinople une commission internationale..., qui prendra le titre de Commission des Détroits ».

Elle est composée « sous la présidence d'un représentant de

(1) Nous nous sommes inspirés dans cette analyse de l'excellente étude de M. Fernand de Visscher dans la *Revue de Droit international et de Législation comparée*, 1924, N° 12, p. 58 et suiv.

la Turquie, d'un représentant de la France, de la Grande-Bretagne, de l'Italie, du Japon, de la Bulgarie, de la Grèce, de la Roumanie, de la Russie et de l'Etat Serbe-Croate-Slovène ». Les Etats-Unis, ainsi que les Etats riverains de la mer Noire qui ont acquis leur indépendance pourront se représenter à la Commission à condition d'adhérer préalablement à la Convention.

La Commission des Détroits est placée sous les auspices de la Société des Nations « à laquelle elle adressera chaque année un rapport lui rendant compte de l'accomplissement de sa mission (1) ».

Quant aux attributions de la Commission, elles donnèrent lieu, au cours de la Conférence, à de vives discussions entre les délégations turque et alliée. D'après le premier projet des Alliés, la Commission devait exercer une surveillance générale sur l'observation des dispositions relatives à la démilitarisation et à la liberté de navigations. La création d'un pareil organe international au sein de l'Etat fut jugée par Ismet pacha absolument incompatible avec la dignité et la souveraineté de la Turquie. Il proposa d'attribuer à la Commission le rôle de surveiller si les règles concernant la limitation du nombre des bâtiments de guerre admis à passer dans les Détroits étaient observées.

La discussion aboutit à l'acceptation de la proposition turque, et finalement la Commission fut chargée de s'assurer que les dispositions concernant le passage des bâtiments de guerre et aéronefs militaires (dispositions faisant l'objet des paragraphes 2, 3 et 4 de l'annexe jointe à l'article 2 (2) sont dûment

(1) Article 15.
(2) Article 14.

observées ». On sait que la plus importante de ces dispositions est relative à la détermination des forces pénétrant dans les Dardanelles. A cet effet, la Commission « demandera à chaque puissance riveraine de la mer Noire, le premier janvier et le premier juillet de chaque année, « le nombre des bâtiments de guerre qu'elle possède dans cette mer (1).

IV

Le Problème des Garanties

La « liberté des Détroits » et la « sécurité des zones démilitarisées » tels sont les deux aspects que présente le problème de garantie. C'est là l'essentiel dont dépend la valeur et la solidité de tout le système de la Convention. Aussi a-t-on vu s'élever sur ce point les plus vives discussions au sein de la Conférence, entre les délégations turque et alliée.

La Turquie venait de consentir à désarmer les Détroits et les régions avoisinantes. Pour en assurer la sécurité, elle avait demandé que ces régions soient reconnues neutres. Cette demande trop engageante ne plut pas aux Alliés.

Mais il importait en tout cas que le territoire turc soit garanti, et que la démilitarisation ne devienne pas, « au point de vue militaire, une cause de danger injustifiée ».

Bref, les sacrifices que la Turquie venait de faire au profit de la communauté internationale devaient être compensés. De quelle manière ? En d'autres termes; si le territoire démilitarisé venait à être attaqué, quelle mesure conviendrait-elle de prendre ?

(1) Article 2, paragraphe 2. *a*., alinéa 4.

En réponse à cette question capitale, le contre-projet d'Ismet pacha préconisait la conclusion d'un pacte de garantie conçu de la manière suivante : « Les puissances signataires s'engagent individuellement et collectivement à respecter et à faire respecter en temps de paix comme en temps de guerre l'inviolabilité des Détroits. Tout acte de guerre commis par une puissance étrangère quelconque dans la région des Détroits, ainsi que dans la mer de Marmara sera considéré comme portant atteinte à l'inviolabilité prévue... Dans une telle éventualité, la Turquie prendra toutes les mesures en vue d'empêcher lesdits actes ; sur sa demande, les puissances sus-mentionnées devront de leur côté les empêcher conjointement, par tous les moyens dont elles disposent » (1).

Cette proposition, comme tant d'autres, fut écartée par les Alliés. Ceux-ci envisagèrent un système de garantie analogue au régime de la neutralité des îles d'Aland (2). Et, considérant que la sécurité demandée par la Turquie est rattachée à la liberté de passage dans les Détroits et en dépend étroitement, de sorte qu'une garantie de cette liberté serait en même temps la garantie de la sécurité du territoire turc ; les Alliés lièrent les deux problèmes l'un à l'autre et instituèrent un système garantissant à la fois la liberté de passage et la sécurité des régions désarmées.

Quant au pacte de garantie proposé par Ismet pacha, la dédélégation alliée estimant que le statut des Détroits devant être placé sous la haute protection de la Société des Nations, dont l'autorité revêt une valeur bien supérieure comme gage

(1) *Livre Jaune*, art. 1, page 225.

(2) Voir à ce propos l'étude de M. Fernand de Visscher, *La Question des Iles d'Aland*, dans la *Revue du Droit international et de légis.* comp. 1921, p. 246 et suiv.

général de la paix à celle d'un pacte particulier, trouva ce dernier inutile.

C'est ce système qui prévalut, et la question des Détroits fut ainsi rattachée aux questions générales de l'organisation internationale et des garanties de paix.

Consacrant le point de vue des Alliés, l'alinéa 2 de l'article 18 porte : « Si une violation des dispositions sur la liberté de passage, une attaque inopinée ou quelque cas de guerre ou menace de guerre venaient à mettre en péril la liberté de navigation des Détroits ou la sécurité des zones démilitarisées, les Hautes Parties contractantes et, dans tous les cas, la Grande-Bretagne, la France, l'Italie et le Japon les empêcheront conjointement par tous les moyens que le Conseil de la Société des Nations décidera à cet effet ». Ainsi, la Société des Nations se trouve chargée d'une attribution aussi importante que délicate.

Sous son premier aspect, c'est-à-dire comme l'assurance de la sécurité du territoire turc, la garantie joue toutes les fois qu'il y a « une attaque inopinée ou quelque acte de guerre ou menace de guerre » pouvant « mettre en périal... la sécurité des zones démilitarisées ».

Sous son second aspect, c'est-à-dire comme gage de la liberté de passage, la garantie joue aussitôt qu'une « violation des dispositions » sur cette liberté sera constatée .

Dans tous les cas, c'est le Conseil de la Société des Nations qui est investi du pouvoir de décision en matière de garantie.

Il reste à savoir comment le Conseil sera saisi. Devra-t-il attendre qu'une plainte soit formulée pour délibérer sur les mesures à prendre ? Pourra-t-il au contraire se saisir de lui-même lorsqu'il apprendra que des violences viennent d'être commises ? Le projet des Alliés consacrait le premier mode de saisissement : « ... les Hautes Parties contractantes s'adresseront sans délai, soit individuellement soit conjoinement au Conseil de la Société des Nations, afin qu'il décide des mesures à prendre... La Commission des Détroits sera également autorisée à porter à la connaissance du Conseil toutes circonstances... » Ce système fut écarté, car déjà appliqué aux îles d'Aland, il avait attiré le reproche de retarder l'action du Conseil en subordonnant son intervention à l'initiative d'une ou de plusieurs puissances. En faisant disparaître cette procédure du texte définitif, la Conférence paraît avoir manifesté l'intention d'accepter le mode direct et de permettre au Conseil de se saisir d'office.

Quant au procédé de délibération et de décision, c'est la disposition de l'article 5 du Pacte de la Société des Nations qui doit servir de règle, c'est-à-dire les décisions du Conseil doivent réunir l'unanimité des voix. « Si l'unanimité ne peut pas se former, disait le projet, chacune des Hautes Parties contractantes sera autorisée à prendre individuellement les mesures que le Conseil aurait demandées à la majorité des deux tiers... » Ce mode étant éliminé, il en ressort que si le Conseil n'aboutit pas à l'unanimité des voix, aucune mesure ne peut être prise et toutes les dispositions de la Convention restent sans aucune sanction.

A supposer que l'unanimité est formée, il reste le problème d'exécution. D'après la Convention, ce sont en principe les Etats signataires qui sont chargés d'exécuter les décisions du Conseil. A défaut du concours de tous les contractants, la France, la Grande-Bretagne, l'Italie et le Japon sont à cet effet nominalement désignés.

———

CONCLUSION

Le régime dont nous venons d'analyser le mécanisme se résume en un principe fondamental (ouverture des Détroits) soutenu et renforcé par deux ordres de garanties, les unes de caractère préventif (démilitarisation), les autres de caractère répressif (intervention du Conseil de la Société des Nations, action collective des Puissances).

L'ouverture des Détroits ne mérite guère de discussion. C'est un des points d'aboutissement de l'histoire, une des étapes de l'évolution tumultueuse du problème. La liberté de passage est l'expression même de cette nécessité actuelle qui résulte à la fois des tendances du droit moderne et, surtout, de la transformation des facteurs politiques, lesquels ont créé et perpétué cette question au cours de l'histoire. Nous considérons par conséquent ce point, avec l'opinon générale, comme un progrès dans le droit, comme un dernier effort pour réaliser l'uniformité du régime et des conditions juridiques des détroits et canaux maritimes (1).

(1) Cependant l'application de ce principe aux détroits de Constantinople ne semble pas exempte de tout reproche. Une assez sérieuse objection a été formulée par Noradonghian Effendi, Ministre des Affaires Etrangères de l'Empire Ottoman, au cours de la session de la Haye (1913) de l'Union interparlementaire.

On sait que l'application du principe de la liberté de passage, suppose avant tout que la voie de communication dont il s'agit, soit réellement une voie entre deux mers libres. Or, si l'on envisage la situation

Quant au problème des garanties, le système de la Convention de Lausanne présente de graves défectuosités. Il contient, non seulement des défauts de construction, mais encore des vices d'intention. Un examen attentif le montrera.

Nous savons que la démilitarisation est une mesure dirigée exclusivement contre la Turquie et *sans compensation sérieuse*.

Les régions démilitarisées ont tout le caractère d'un territoire neutre, par conséquent inviolable *à condition que la Turquie elle-même reste neutre*. Dans ce cas seulement que les puissances signataires s'engagent — nous verrons dans la suite la valeur de cet engagement — à défendre ces régions contre toute attaque et agression venant du dehors. Mais dès que la Turquie entre en belligérance, il n'y a plus aucune garantie. Dans cette hypothèse, la Turquie est abandonnée à son sort ; elle a à défendre, contre une agression brusque, un territoire démuni de tout moyen de défense.

Cette infériorité, à laquelle la Turquie se trouve condamnée d'avance, est une source de dangers perpétuels pour elle. Par

et la configuration géographique des Dardanelles et du Bosphore, on doit constater qu'ils se trouvent séparés par la mer de Marmara, qui possède tous les caractères d'une mer intérieure. Aboutissant par une extrémité à une mer libre, la mer Noire et la Méditerranée ; les Détroits sont donc coupés, dans l'autre extrémité, par une expansion considérable, de sorte qu'il est difficile d'admettre comme le fait la Convention de Lausanne, que la mer de Marmara constitue un simple prolongement du passage.

On se rappelle qu'au cours de la Conférence de Lausanne, la délégation russe était allée plus loin encore et s'était efforcée de faire admettre la mer Noire elle-même, comme une mer fermée. Sans vouloir appuyer cette prétention qui cache en réalité des visées purement russes, il convient de remarquer toutefois que l'on ne peut pas assimiler en tout point cette mer, comme une mer libre, à la Méditerranée. Ayant une étendue plus réduite que cette dernière, la mer Noire est bordée par des Etats en nombre restreint, par suite l'entrée dans cette mer d'une flotte étrangère ne manque pas d'éveiller la susceptibilité des riverains et de causer une certaine tension diplomatique.

contre, la même situation constitue une possibilité permanente pour les puissances maritimes de tenir la Turquie dans la dépendance de leur détermination. Nous voulons dire que la situation créée par la démilitarisation n'est pas simplement une atteinte à la souveraineté de la Turquie, mais elle restreint sans contre-partie la libre décision et action de cet Etat.

Une hypothèse éclaicira davantage notre pensée : supposons que l'Angletere soit en guerre avec la Russie, la Turquie étant neutre. Le territoire démilitarisé jouit donc dans ce cas de la garantie des puissances. Les opérations militaires des belligérants ne peuvent pas, par conséquent, troubler ni le libre passage dans les Détroits, ni la tranquillité des régions avoisinantes. Supposons encore que la Turquie ait des intérêts liés à la cause russe et qu'elle se voie obligée d'intervenir de ce côté, pourra-t-elle le faire ? N'est-il pas évident que si elle intervient dans ce sens, elle risque de se voir coupée en deux tronçons, partie de Roumélie, partie d'Anatolie, dont les Détroits constituent le seul point de liaison. Enfin, comment pourra-t-elle défendre, sous le feu de la flotte anglaise, toute une région dépourvue de tout moyen de résistance ?

A tous ces points d'interrogation, une seule réponse est possible : la Turquie, pour qu'elle soit garantie, doit faire son entrée dans la Société des Nations. Elle jouira ainsi de la garantie générale qu'organise l'article 10 du Pacte. Soit, mais quelle est la valeur pratique de la garantie de paix qu'offre l'article 10 aux membres ? Peut-on se confier carrément aux promesses de cet article étant donné qu'il conditionne la décision et l'action du Conseil à l'unanimité des voix ?

Telle est la conséquence fatale à laquelle la démilitarisation, comme la sanction de la liberté des Détroits, conduit la Turquie.

Nous trouvons la Convention d'une même défectuosité lorsqu'il s'agit du système des garanties répressives.

Nous avons vu les dispositions de l'article 18 d'après lequel le statut des Détroits se trouve placé sous la sauvegarde du Conseil de la Société des Nations. Or, le Conseil ne prend de décision qu'à l'unanimité des voix de ses membres.

Il s'agit de savoir si la voix de la puissance considérée coupable d'avoir porté atteinte à la liberté de passage doit compter dans le calcul de l'unanimité requise. Le projet des Alliés tranchait la question : « La voix de la puissance, disait ce projet, dont l'action est considéré comme ayant mis en péril la liberté de navigation des Détroits ou la sécurité des zones démilitarisées, ne comptera pas dans le calcul... de l'unanimité... » (1).

Cette disposition logique et de bon sens a dispau dans le texte définitif. Que conclure de cette disparition ? Nous nous bornerons à citer ici le subtil raisonnement de M. Antoine Rougier : « D'après les règles de la logique juridique, l'interprète devrait argumenter du rapprochement des deux textes en disant que les exceptions à la règle sont de droit étroit et ne sous-entendent pas : si donc la Conférence a refusé de formuler une exception à la règle sur l'unanimité, c'est qu'elle n'a pas voulu déroger à cette règle et que l'unanimité de tous les membres du Conseil est nécessaire. Nous avouons qu'une pareille solution nous semble une absurdité toute pure et nous estimons que l'argument tiré des travaux préparatoires de l'article 18 n'est

(1) *Livre Jaune*. A. I. p. 206.

point décisif pour la faire admettre. Car, de ce qu'un législateur a supprimé un membre de phrase dans un projet de loi, on ne saurait toujours conclure qu'il a voulu condamner l'idée qu'exprimait ce passage » (1). C'est donc par l'inadversance que les auteurs de la Convention ont omis cette clause, ou ils ont pu estimer « qu'il n'était pas besoin d'exprimer des choses qui vont de soi ».

Nous estimons que la porte ainsi laissée ouverte à des discussions et des interprétations contradictoires, est de nature à fausser tout le mécanisme du nouveau régime, de sorte qu'en pratique toute décision et action du Conseil se trouvent paralysées.

Supposons que par une heureuse chance l'unanimité requise soit obtenue, la décision du Conseil ne sera, en pratique, utile et efficace que dans une hypothèse bien déterminée ; c'est celle où il y a menace de guerre. C'est alors seulement que le Conseil aura le loisir de discuter et de décider sur les mesures à prendre pour sauvegarder la liberté du passage ou la sécurité des zones démilitarisées. Mais on sait que l'article 18 soumet à la même procédure une autre hypothèse essentiellement différente de la précédente : le cas de l'agression brusque. Si donc on se trouve en présence, non pas de « quelque acte de guerre ou menace de guerre », mais d'une « attaque inopinée » on devrait de même attendre pour agir qu'une décision unanine soit prise par le Conseil. C'est-à-dire que, se trouvant exposée à une pareille agression, lorsque la Turquie, désarmée dans une partie de son territoire la plus propre à l'invasion, appelera au secours. on lui conseillera tout simplement d'attendre la décision

(1) Extrait de la *Rev. générale de Droit inter.*, public, p. 27-28.

du Conseil. En somme, c'est une obligaation qui ne coûte rien aux Puissances.

Ces considérations sont hypothétiques, elles ont par conséquent la chance de ne jamais se réaliser. Mais légiférer n'est-ce pas prévoir ?

Ces lacunes sont de nature à nous renseigner sur la valeur de la Convention de Lausanne et peuvent nous indiquer la conclusion.

La nouvelle solution de la question des Détroits n'est point définitive, elle est suspensive. Le gage de sa vitalité ne peut-être, par conséquent, que la loyauté de la Turquie ; loyauté dans l'observation de la neutralité nécessaire et des obligations dont elle se trouve chargée. Mais il est de bon sens que pour qu'on soit en droit de demander à la Turquie cette loyauté, il faudrait d'abord lui assurer la défense et la sécurité de son territoire qu'elle consent à mettre au service de la communauté internationale.

Nous venons de voir que la démilitarisation, telle qu'elle est organisée par la Convention de Lausanne, ne joue qu'à l'avantage exclusif des puissances maritimes. Si cette mesure répond bien aux soucis et intérêts de certaines d'entre ces dernières, elle tend — par contre— à paralyser l'action et la décision de la Turquie comme Etat indépendant et compromet singulièrement sa sécurité. La démilitarisation ainsi condamnée comme étant un moyen de garantie au service seulement de l'une des parties en présence, il ne reste qu'à chercher l'assurance indispensable pour la Turquie dans d'autres mesures. Or, il n'y en a que deux : ou bien reconnaître à la Turquie le plein droit de défendre les Détroits par ses propres moyens, comme c'est le cas au Panama. Ou bien, par un engagement formel, neutraliser toutes les régions que la Convention soumet à la démilitarisation et appliquer aux Détroits le régime de Sueze.

Cette dernière solution nous paraît seule conforme à la fois aux tendances du droit moderne, aux conditions de la paix et aux intérêts des Puissances. La neutralisation, comme garantie de la liberté des Détroits et de la sécurité du territoire turc, trouve d'ailleurs sa justification dans les aspirations de la Turquie nouvelle, républicaine et laïque, qui constitue aujoud'hui en Orient un précieux élément de la paix et de la civilisation. Et, nous avons la ferme confiance en la Turquie moderne laquelle, comprenant la grandeur de son rôle dans la politique de la paix mondiale, inspirera pleine confiance en sa loyauté aux Puissances les plus méfiantes, à son égard et, par ce fait même, le problème des Détroits trouvera à l'avenir la solution que nous souhaitons.

ANNEXE

CONVENTION CONCERNANT LE REGIME DES DETROITS

Signée le 24 *Juillet* 1923.

L'Empire Britannique, la France, l'Italie, le Japon, la Bulgarie, la Grèce, la Roumanie, la Russie, l'Etat Serbe-Croate-Slovène et la Turquie.

Soucieux d'assurer dans les Détroits à toutes les nations la liberté de passage et de navigation entre la mer Méditerranée et la mer Noire, conformément au principe consacré par l'article 23 du Traité de Paix en date de ce jour,

Et considérant que le maintien de cette liberté est nécessaire à la paix générale et au commerce du monde,

Ont résolu de conclure une Convention à cet effet...

Article Premier

Les Hautes Parties contractantes sont d'accord pour reconnaître et déclarer le principe de la liberté de passage et de navigation par mer et dans les airs dans le détroit des Dardanelles, la mer de Marmara et le Bosphore, ci-après compris sous la dénomination de « Détroits ».

Article II

Le passage et la navigation des navires et aéronefs de commerce et des bâtiments et aéronefs de guerre dans les Détroits, en temps de paix et en temps de guerre, seront dorénavant réglés par les dispositions de l'annexe ci-jointe.

ANNEXE

Règles pour le Passage des Navires et Aéronefs de Commerce et des Batiments et Aéronefs de Guerre dans les Détroits

I

Navires de commerce, y compris les navires-hôpitaux, yachts et bateaux de pêche, ainsi que les aéronefs non militaires.

a) *En temps de paix :*

Complète liberté de navigation et de passage, de jour et de nuit, quels que soient le pavillon et le chargement, sans aucune formalité, taxe ou charge quelconques, sous réserve des dispositions sanitaires internationales et si ce n'est pour services directement rendus, telles que taxes de pilotage, phares, remorquage ou autres de même nature, et sans qu'il soit porté atteinte aux droits exercés à cet égard par les services et entreprises actuellement concédés par le Gouvernement turc.

Pour faciliter la perception de ces droits, les navires de commerce franchissant les Détroits devront signaler aux postes indiqués par le Gouvernement turc, leur nom, leur nationalité, leur tonnage et leur destination.

Le pilotage reste facultatif.

b) *En temps de guerre, la Turquie restant neutre :*

Complète liberté de navigation et de passage, de jour et de nuit, dans les mêmes conditions que ci-dessus. Les droits et devoirs de la Turquie, comme Puissance neutre, ne sauraient l'autoriser à prendre aucune mesure susceptible d'entraver la navigation dans les Détroits, dont les eaux et l'atmosphère doivent rester entièrement libres, en temps de guerre, la Turquie étant neutre, aussi bien qu'en temps de paix.

Le pilotage reste facultatif.

c) *En temps de guerre, la Turquie étant belligérante :*

Liberté de navigation pour les navires neutres et les aéronefs non militaires neutres, si le navire ou l'aéronef n'assistent pas l'ennemi, notamment en transportant de la contrebande, des troupes ou des ressortissants ennemis. La Turquie aura le droit de visiter les dits navires et aéronefs et, à cette fin, les aéronefs devront atterrir ou amerrir dans telles zones qui seront fixées et aménagées à cet effet par la Turquie. Il n'est pas porté atteinte aux droits de la Turquie d'appliquer aux navires ennemis les mesures admises par le droit international.

La Turquie aura pleine faculté de prendre telles dispositions qu'elle jugera nécessaires pour empêcher les navires ennemis d'utiliser les Détroits. Toutefois, ces dispositions ne seront pas de nature à interdire le libre passage des navires neutres, et, à cet effet, la Turquie s'engage à fournir à ceux-ci les instructions ou pilotes nécessaires.

II

Bâtiments de guerre, y compris les navires auxiliaires, les transports de troupes, les bâtiments porte-avions et aéronefs militaires.

a) *En temps de paix :*

Complète liberté de passage de jour et de nuit, quel que soit le pavillon, sans aucune formalité, taxe ou charge quelconque, mais sous les réserves ci-après concernant le total des forces.

La force maxima qu'une Puissance pourra faire passer par les Détroits à destination de la mer Noire ne dépassera pas celle de la flotte la plus forte appartenant aux Puissances riveraines de la mer Noire et existant dans cette mer au momeent du passage ; toutefois, les Puissances se réservent le droit d'envoyer en mer Noire, en tout temps et en toute circonstance, une force n'excédant pas trois bâtiments dont aucun ne dépassera 10.000 tonnes.

Aucune responsabilité n'incombera à la Turquie en ce qui concerne le nombre des bâtiments qui traversent les Détroits.

Pour permettre l'observation de la présente règle, la Commission des Détroits prévue à l'article 10 demandera à chaque Puissance riveraine de la mer Noire, le 1er janvier et le 1er juillet de chaque année, le nombre des cuirassés, de croiseurs de bataille, de bâtiments porte-avions, de croiseurs, de destroyers, de sous-marins ou de tous autres types de bâtiments ainsi que d'aéronefs navals qu'elle possède en mer Noire, en distinguant les bâtiments armés des bâtiments à effectifs réduits, en réserve, en réparations ou modification.

La Commission des Détroits informera alors les Puissances intéressées du nombre de cuirassés, croiseurs, destroyers, sous-marins, aéronefs et éventuellement d'unités d'autres types, que comprend la force navale la plus forte dans la mer Noire ; en outre, tout changement résultant soit de l'entrée en mer Noire, soit de la sortie de la mer Noire, d'un bâtiment appartenant à ladite force sera immédiatement porté à la connaissance des Puissances intéressées.

Le nombre et le type des bâtiments armés seront seuls pris en considération pour le calcul d'une force navale à faire passer par les Détroits à destination de la mer Noire.

b) *En temps de guerre, la Turquie étant neutre :*

Complète liberté de passage de jour et de nuit, quel que soit le pavillon, sans aucune formalité, taxe ou charge quelconques, sous les mêmes limitations que celles prévues au paragraphe 2 a).

Toutefois, ces limitations ne sont pas applicables aux Puissances belligérantes au préjudice de leurs droits de belligérants en mer Noire.

Les droits et devoirs de la Turquie comme Puissance neutre ne sauraient l'autoriser à prendre aucune mesure susceptible d'entraver la navigation dans les Détroits, dont les eaux et l'atmosphère doivent rester entièrement libres, en temps de guerre, la Turquie étant neutre, aussi bien qu'en temps de paix.

Il sera interdit aux bâtiments de guerre et aéronefs militaires des belligérants de procéder à aucune capture, d'exercer le droit de visite et de se livrer à aucun acte d'hostilité dans les Détroits.

En ce qui concerne le ravitaillement et les réparations les bàtiments de guerre seront régis par les dispositions de la Convention XIII de La Haye 1907, concernant la neutralité maritime.

En attendant la conclusion d'une Convention internationale établissant les règles de la neutralité pour les aéronefs, les aéronefs militaires jouiront dans les Détroits d'un traitement analogue à celui accordé aux bâtiments de guerre par la Convention XIII de La Haye 1907.

c) *En temps de guerre, la Turquie étant belligérante :*

Complète liberté de passage pour les bàtiments de guerre neutres sans aucune formalité, taxe ou charge quelconques, mais sous les mêmes limitations que celles prévues au paragraphe 2 a).

Les mesures à prendre par la Turquie pour empêcher les bàtiments et aéronefs ennemis d'utiliser les Détroits ne seront pas de nature à interdire le libre passage des bâtiments et aéronefs neutres et à cet effet la Turquie s'engage à fournir auxdits bàtiments et aéronefs les introductions ou pilotes nécessaires.

Les aéronefs militaires neutres effectueront le passage des Détroits à leurs risques et périls et seront soumis au droit d'enquête quant à leur caractère. A cette fin, les aéronefs devront atterrir ou amerrir dans telles zones qui seront fixées et aménagées à cet effet par la Turquie.

III

a) Les sous-marins des Puissances en état de paix avec la Turquie ne devront traverser les Détroits qu'en surface.

b) Le commandant d'une force navale étrangère venant soit de la Méditerranée, soit de la mer Noire, communiquera, sans avoir à s'arrêter, à une station de signaux à l'entrée des Dardanelles ou du Bosphore, le nombre et le nom des bâtiments sous ses ordres qui doivent entrer dans les Détroits.

La Turquie fera connaître ces stations de signaux, et jusqu'à ce que cette modification soit faite, la liberté de pasage dans les Détroits pour les bâtiments de guerre étrangers n'en subsistera pas moins, l'entrée dans les Détroits ne devant pas être retardée.

c) L'autorisation pour les aéronefs militaires et non militaires de survoler les Détroits dans les conditions prévues par les présentes règles, implique pour lesdits aéronefs :

1° La liberté de survoler une bande de territoire de 5 kilomètres au-dessus de chaque côté des parties resserrées des Détroits ;

2° La faculté, en cas de panne, d'atterrir sur le littoral ou d'amerrir dans les eaux territoriales de la Turquie.

IV

Limitation de la durée de passage des bâtiments de guerre.

En aucun cas les bâtiments de guerre en transit dans les Détroits ne devront, sauf en cas d'avarie ou de fortune de mer, y séjourner au-delà du temps qu'il leur est nécessaire pour effectuer leur passage, y compris la durée du mouillage pendant la nuit si la sécurité de la navigation l'exige.

V

Séjour dans les ports des Détroits et de la mer Noire.

a) Les paragraphes 1, 2 et 3 de la présente Annexe s'appliquent au passage des navires, bâtiments de guerre et aéronefs au travers et au-dessus des Détroits et ne portent pas atteinte au droit de la Turquie d'édicter tels règlements qu'elle jugera nécessaire, en ce qui concerne le nombre des bâtiments de guerre et aéronefs militaires d'une même Puissance, qui pourront visiter simultanément les ports et les aérodromes turcs, ainsi que la durée de leur séjour.

b) Les Puissances riveraines de la Mer Noire auront le même droit en ce qui concerne leurs ports et leurs aérodromes.

c) Les bâtiments légers, que les Puissances actuellement représentées à la Commission européenne du Danube entretiennente comme stationnaires aux embouchures de ce fleuve et jusqu'à Galatz, s'ajouteront à ceux prévus au paragraphe 2 et pourront être remplacés en cas de besoin.

VI

Les bâtiments de guerre ayant à bord des cas de peste, de choléra ou de typhus, ou en ayant eu depuis sept jours, ainsi que les bâtiments ayant quitté un port contaminé depuis moins de cinq fois 24 heures, devront passer les Détroits en quarantaine et appliquer les moyens du bord les mesures prophylactiques nécessaires pour éviter toute possibilité de contamination des Détroits.

Il en sera de même des navires de commerce ayant à bord

un médecin et passant en droiture les Détroits sans faire escale ou rompre charge.

Les navires de commerce n'ayant pas de médecin à bord devront, avant de pénétrer dans les Détroits, même s'ils n'y doivent pas faire escale, satisfaire aux prescriptions sanitaires internationales.

Les bâtiments de guerre et les navires de commerce touchant dans un port des Détroits, seront soumis dans ce port aux prescriptions sanitaires internationales qui y sont applicables.

Article III

En vue de maintenir libres de toute entrave le passage et la navigation dans les Détroits, les mesures stipulées aux articles 4 à 9 seront appliquées à leurs eaux et rives, ainsi qu'aux îles qui s'y trouvent ou qui les avoisinent.

Article IV

Seront démilitarisées les zones et îles désignées ci-après :

1° Les deux rives du détroit des Dardanelles et du détroit du Bosphore sur l'étendue des zones déliminées ci-dessous (voir la carte ci-jointe).

Dardanelles : Au Nord-Ouest, presqu'île de Gallipoli et région au Sud-Est d'une ligne partant d'un point du golf de Xéros situé à 4 kilomètres Nord-Est de Bakla-Burnu aboutissant sur la mer de Marmara à Kumbaghi et passant au Sud de Kavak (cette localité exclus) ;

Au Sud-Est, région comprise entre la côte et une ligne tracée à 20 kilomètres de la côte, partant du cap Eski-Stamboul en face de Tenedos et aboutissant sur la mer de Marmara en un point de la côte situé immédiatement au Nord de Karabigha.

Bosphore (sans préjudice du régime particulier de Constantinople (Art. 8) : à l'Est, zone s'étendant jusqu'à une ligne tracée à 5 kilomètres de la côte occidentale du Bosphore ;

A l'Ouest, zone s'étendant jusqu'à une ligne tracée à 15 kilomètres de la côte occidentale du Bosphore.

Toutes les îles de la mer de Marmara, sauf l'île d'Emir-Ali-Adasi ;

3° Dans la mer Egée, les îles de Samothrace, Lemnos, Imbros, Tenedos et les îles aux Lapins.

Article V

Une Commission composée de quatre membres respectivement nommés par les Gouvernement de la France, de la Grande-Bretagne, de l'Italie et de la Turquie, se réunira dans les quinze jours après la mise en vigueur de la présente Convention pour fixer sur place les limites des zones prévues à l'article 4, 1°.

Il appartiendra aux Gouvernements représentés dans cette Commission de pourvoir aux indemnités, auxquelles pourront avoir droit leurs représentants respectifs.

Tous frais généraux, auxquels donnera lieu le fonctionnement de la Commission seront, par parts égales, supportés par les Puissances représentées.

Article VI

Sous réserve des dispositions de l'article 8 concernant Constantinople, il ne devra y avoir, dans les zones et îles démilitarisées, aucune fortification, aucune installation permanente d'artillerie, d'engins d'action sous-marine autres que les bâtiments sous-marins, ni aucune installation d'aéronautique militaire, ni aucune base navale.

Aucune force armée ne devra y stationner en dehors des forces de police et de gendarmerie qui sont nécessaires au maintien de l'ordre et dont l'armement ne comportera que le revolver, le sabre, le fusil et quatre fusils mitrailleurs par cent hommes à l'exclusion de toute artillerie.

Dans les eaux territoriales des zones en îles démilitarisées, il ne devra y avoir aucun engin d'action sous-marine, autre que des bâtiments sous-marins.

Nonobstant les alinéas qui précèdent, la Turquie gardera le droit de faire passer en transit ses forces armées dans les zones et îles démilitarisées du territoire turc, ainsi que dans leurs eaux territoriales où la flotte turque aura le droit de mouiller.

En outre, en ce qui concerne les Détroits, le Gouvernement turc aura la faculté de faire observer, au moyen d'avions ou de ballons, la surface et le fond de la mer. Les aéronefs turcs pourront toujours survoler les eaux des Détroits et les zones démilitarisées du territoire turc et y atterrir ou amerrir partout en toute liberté.

La Turquie et la Grèce pourront également, dans les zones et îles démilitarisées et dans leurs eaux territoriales, effectuer les mouvements de personnel nécessités par l'instruction, hors de ces zones et îles, des hommes qui y seront recrutés.

La Turquie et la Grèce auront la liberté d'organiser, dans lesdites zones et îles de leurs territoires respectifs, tout système d'observation et de communications télégaphiques, téléphoniques et optiques. La Grèce pourra faire passer sa flotte dans les eaux territoriales des îles grecques démilitarisées, mais ne pourra user de ces eaux comme base d'opérations contre la Turquie ou pour une concentration navale ou militaire dans ce but.

Article VII

Aucun engin d'action sous-marine, autre que les bâtiments sous-marins, ne pourra être installé dans les eaux de la mer Mamara.

Le Gouvernement turc n'installera ni dans la région côtière européenne de la mer de Marmara, ni dans la partie de la région côtière d'Anatolie située à l'Est de la zone démilitarisée du Bosphore, jusqu'à Dadidje, aucune batterie permanente de canons ou de lance-torpilles, susceptibles d'entraver le passage des Détroits.

Article VIII

A Constantinople, y compris ici Stamboul, Péa, Galata, Scutari, ainsi que les îles des Princes, et dans ses environs immédiats, une garnison de 12.000 hommes au maximum pourra être stationnée pour les besoins de la capitale. Un arsenal et une base navale pourront être maintenus à Constantinople.

Article IX

Si en cas de guerre, la Turquie ou la Grèce, usant de leur droits de Puissances belligérantes, étaient amenées à apporter des modifications à l'état de démilitarisation prévu cidessus, elles seraient tenues de rétablir, dès la conclusion de la paix, le régime prévu par la présente Convention.

Article X

Il sera institué à Constantinople une Commission internationale, composée comme il est dit à l'article 12, qui prendra le titre de « Commission des Détroits ».

Article XI

La Commission exercera ses attributions sur les eaux des Détroits.

Article XII

La Commission sera composée, sous la présidence d'un représentant de la Turquie, de représentant de la France, de la Grande-Bretagne, de l'Italie, du Japon, de la Bulgarie, de la Grèce, de la Roumanie, de la Russie et de l'Etat Serbe-Croate-Slovène, en tant que Puissances signataires de la présente Convention et au fur et à mesure de la ratification de celle-ci par ces Puissances.

L'adhésion de la présente Convention comportera pour les Etats-Unis le droit d'avoir également un représentant dans la Commission.

Le même droit sera réservé, dans les mêmes conditions, aux Etats indépendants riverains de la mer Noire non mentionnés dans le premier alinéa du présent article.

Article XIII

Il appartiendra aux Gouvernements représentés à la Commission de pourvoir aux indemnités auxquelles pourront avoir droit leurs représentants. Toutes dépenses supplémentaires de la Commission seront supportées par lesdits Gouvernements dans la proportion fixée pour la répartition des frais de la Société des Nations.

ARTICLE XIV

La Commission sera chargée de s'assurer que sont dûment observées les dispositions concernant le passage des bâtiments de guerre et aéronefs militaires, dispositions faisant l'objet des paragraphes 2, 3 et 4 de l'annexe jointe à l'article 2.

ARTICLE XV

La Commission des Détroits exercera sa mission sous les auspices de la Société des Nations, à laquelle elle adressera chaque année un rapport rendant compte de l'accomplissement de sa mission et fournissant, par ailleurs, tous renseignements utiles au point de vue du commerce et de la navigation ; à cet effet la Commission se mettra en relations avec les services du Gouvernement turc s'occupant de la navigation dans les Détroits.

ARTICLE XVI

Il appartiendra à la Commission d'élaborer les règlements qui seraient nécessaires à l'accomplissement de sa mission.

ARTICLE XVII

Les dispositions de la présente convention ne porteront pas atteinte au droit de la Turquie de faire circuler librement sa flotte dans les eaux turques.

ARTICLE XVIII

Désireuses que la démilitarisation des Détroits et des zones avoisinantes ne deviennent pas, au point de vue militaire une cause de danger injustifiée pour la Turquie et que des actes de guerre ne viennent pas mettre en péril la liberté des Détroits ou la sécurité des zones démilitarisées, les Hautes Parties contractantes conviennent des dispositions suivantes :

Si une violation des dispositions sur la liberté de passage, une attaque inopinée, ou quelque acte de guerre ou menace de guerre venaient à mettre en péril la liberté de la navigation des Détroits ou la sécurité des zones démilitarisées, les Hautes Parties contractantes et, dans tous les cas, la France, la Grande-Bretagne, l'Italie et le Japon les empêcheront conjointement par tous les moyens que le Conseil des Nations décidera à cet effet.

Dès que les actes ayant motivé l'action prévue par l'alinéa qui précède auront pris fin, le statut des Détroits tel qu'il est réglé par les dispositions de la présente Convention, sera de nouveau strictement appliqué.

La présente disposition, qui constitue une partie intégrante de celles qui sont relatives à la démilitarisation et à la liberté des Détroits, ne porte pas atteinte aux droits et obligations que les Hautes Parties contractantes peuvent avoir en vertu du Pacte de la Société des Nations.

Article XIX

Les Hautes Parties contractantes feront tous leurs efforts pour amener les Puissances non signataires à adhérer à la présente Convention.

Cette adhésion sera signifiée, par la voie diplomatique, au Gouvernement de la République Française et par celui-ci à tous les Etats signataires ou adhérents. Elle portera effet à dater du jour de la signification au Gouvernement français.

ARTICLE XX

La *Présente Convention* sera ratifiée.

Les ratifications en seront déposées à Paris aussitôt que faire se pourra.

Elle entrera en vigueur dans les mêmes conditions que le Traité de Paix en date de ce jour ; pour les Puissances non signataires de ce Traité, qui à ce moment n'auraient pas encore ratifié la présente Convention, celle-ci entrera en vigueur au fur et à mesure du dépôt de leurs ratifications, qui sera notifié aux autres Puissances contractantes par le Gouvernement de la République Française.

En foi de quoi, les plénipotentiaires susnommés ont signé la présente Convention.

Fait à Lausanne, le 24 juillet 1923, en un seul exemplaire qui sera déposé dans les archives du Gouvernement de la République Française, lequel en remettra une expédition authentique à chacune des Puissances contractantes.

(L. S.) Horace RUMBOLD.
(L. S.) PELLÉ.
(L. S.) GARRONI.
(L. S.) G. C. MONTAGNA.
(L. S.) K. OTCHIAI.
(L. S.) B. MORPHOFF.
(L. S.) E. K. VENISELOS.
(L. S.) STANCIOFF.
(L. S.) D. CACLAMANOS.
(L. S.) Const. DIAMANDY.
(L. S.) Const. CONTZESCO.
(L. S.) M. ISMET.
(L. S.) Dr RIZA NOUR.
(L. S.) HASSAN.

BIBLIOGRAPHIE

OUVRAGES GENERAUX D'HISTOIRE ET D'ETUDE DIPLOMATIQUE

HOMMER (de). — *Histoire de l'Empire ottoman depuis son origine jusqu'à nos jours.* (Trad. Franç. par J.-J. HELLERT). 1835-1843. 18 vol.

DE LA JONQUIERE. — *Histoire de l'Empire ottoman.* Paris, 1881.

JUCHEREAU (De Saint-Denis). — *Histoire de l'Empire ottoman.* Paris, 1884. 4 vol.

RAMBAUD. — *Histoire de la Russie.* Paris, 1884.

ENGELHARDT. — *Histoire des Réformes depuis* 1826, *La Turquie et le Tauzinat.* Paris, 1882. 2 vol.

Abbé MIGNOT. — *Histoire de l'Empire ottoman depuis son origine jusqu'à la paix de Belgrade.* Paris, 1771. 4 vol.

ALIX. — *Précis de l'histoire de l'Empire ottoman.* Paris, 1822-1824. 3 vol.

POUJOULAT. — *Histoire de Constantinople comprenant le Bas-Empire et l'Empire ottoman.* Paris, 1853. 2 vol.

LAMARTINE. — *Histoire de la Turquie.* Paris, 1861. 8 vol.

MICHAUD. — *Histoire des Croisades.* Paris, 1841. 6 vol.

SEIGNOBOS. — *Histoire politique de l'Europe contemporaine.* Paris, 1897.

DEBIDEUR. — *Histoire diplomatique de l'Europe.* Paris, nouvelle édit. 1924. 4 vol.

E. BOURGEOIS. — *Manuel historique de politique étrangère.* Paris, 9e édit. 4 vol.

— *L'Empire Ottoman par un ancien Diplomate* (1839-1877). Paris, 1877.

MICHAUD & POUJOULAT. — *Correspondance familière d'Orient.* Paris, 1833-1835.

ARMAND LEFEBVRE. — *Mahmout et Medmet-Ali.* (*Rev. des Deux-Mondes*, 15 Mai 1839).

CADALVENE & BARRAULT. — *Histoire de la Guerre de Mehmed Ali contre la Porte* (1831-1833). Paris, 1836.

CADALVENE & BARRAULT. — *Deux années de l'Histoire d'Orient* (1839-1840).

DE MOLKE. — *Lettres sur l'Orient* (trad. Franc.). Paris, 1892.

D'ARMAGNAC. — *Nezib et Beyrouth, souvenirs d'Orient,* 1833-1841.

GOURDON. — *Histoire du Congrès de Paris*. Paris, 1857.

MONICAULT. — *Le Traité de Paris et ses suites*. Paris, 1900.

RAYMOND. — *La Guerre et la Conférence de Paris* (*Rev. des Deux-Mondes*, 15 Mars 1856).

D'AVRIL. — *Négociations relatives au traité de Berlin*. Paris, 1875-1886.

BRUNSWIK. — *Le Traité de Berlin annoté et commenté. Paris*, 1878.

DE LAVELEYE. — *L'Angleterre et la Russie en Orient*. (*Rev. des Deux-Mondes*, 15 Juillet 1880.

ANTOINE. — *Le Commerce et la Navigation de la mer Noire*. 2e édit., Paris, 1820.

HEYD (W.). — *Histoire du Commerce du Levant au moyen-âge*. Edit. Franç. Paris, 1885-1886. 2 vol.

LAMY (Etienne). — *La France du Levant*. — *La Lutte pour les Influences politiques*. (*Rev. des Deux-Mondes*, 15 Nov. et suiv.).

KLACZKO (Julien). — *Deux Chanceliers : le Prince Gortchakof et le Prince de Bismark*. 3e édit. Paris, 1877.

MARTENS. — *Etude historique sur la Politique russe dans la question d'Orient*. (*Rev. de Droit intern. et de Législation comparée*, 1877, page 49 et suiv.).

MASSON (Paul). — *Histoire du Commerce Français dans le Levant au XVIIIe siècle*. Paris, 1896.

PISANI. — *L'Expédition russo-turque aux îles Ioniennes*. (*Rev. d'Histoire Diplomatique* 1888, p. 190 et suiv.)

VAUDAL (Albert). — *Une Ambassade Française en Orient sous Louis XV*. — *La Mission du Marquis de Villeneuve*. 2e édit. Paris, 1887.

— *Napoléon et Alexandre Ier*. — *L'alliance russe sous le Premier Empire*. 4e édit. Paris, 1897.

JOUBERT & FELIX MORNAUD. — *Tableau historique, politique et pittoresque de la Turquie et de la Russie*. Paris, 1854.

OUVRAGES SPECIAUX SUR LA QUESTION D'ORIENT ET DES DETROITS

R. PINON. — *L'Europe et l'Empire Ottoman* (Les aspects actuels de la question d'Orient). Paris, 7e édit.

Victor BERARD. — *La Révolution Turque*. Paris, 1909.

Albert SOREL. — *La Question d'Orient au XVIIIe siècle*. Paris, 1878.

SAINT-MARC GIRARDIN. — *Etude sur la question d'Orient*. (*Rev. des Deux-Mondes, Mai* 1864).

DRIAULT. — *La question d'Orient*. Paris, nouvelle édit., 1920.

CAHUET. — *La question d'Orient dans l'histoire contemporaine* (1821-1905). Paris, 1905.

IOGRA. — *Histoire des Etats Balkaniques à l'époque moderne*. Bucarest, 1914.

SAINT-PAIEST (Comte de). — *Mémoire sur l'Ambassade de France en Turquie.* Paris, 1877.

P.-H. MISCHEF. — *La mer Noire et les Détroits.* (Essais d'histoire diplomatique). Paris, 1899.

ANCEL. — *Manuel de la question d'Orient.* Paris, 1923.

Maurice PERNOT. — *La question Turque.* Paris, 1923.

NEKLUDOW. — *Le Bosphore et les Dardanelles.* (Etude de la question des Détroits). Paris, 1878.

Paul MACEY. — *Statut international des Détroits.* (Bosphore, Dardanelles, mer Noire). Paris, 1912.

GORIAINOW (S.). — *Le Bosphore et les Dardanelles* (Etude historique sur la question des Détroits). Paris, 1910.

Cal. De LUGNAC. — *Les Détroits.* (*Rev. Hebdomadaire* du 2 Juin 1923).

Charles ROUX. — *L'expédition des Dardanelles.* Paris, 1920.

ESPERET (J.). — *La conception internationale des détroits de Bosphore et des Dardanelles envisagée au point de vue des droits et des devoirs des neutres dans les guerres maritimes.* (Etude de droit intern. public et d'histoire diplomatique). Thèse Toulouse. Toulouse, 1907.

ROUGIER (A.). — *La question des Détroits et la Convention de Lausanne.* (Extrait de la *Rev. génér. de droit Intern. public.*). Paris, 1924).

VISSCHER (Fr. de.) — *Le régime nouveau des Détroits.* (Extrait de *la Rev. de Droit inter. et de Légis. comparée*). Paris, 1924.

R. PINON. — *L'évolution de la question des Détroits.* — *L'Esprit intel.* 1er Avril 1928, n° 6.

GEFFEKEU. — *La question des Détroits.* (*Rev. de Droit intern. et de Légis. comparée,* 1885, p. 362 et suiv.).

TRAITES GENERAUX DE DROIT INTERNATIONAL

BONFILS (Henry). — *Manuel de droit intern.* Paris, 1894.

FAUCHILLE. — *Traité de droit intern.* Paris, nouvelle édit.

MARTENS (Fir. de). — *Traité de droit intern.* Trad. Franc. Par Léo. Paris, 1883. 3 vol.

CALVO (Charles). — *Le droit international théorique et pratique,* 5e édit. Paris. 1896. 6 vol.

RECUEILS ET DOCUMENTS DIPLOMATIQUES :

NORADOUGHIAN Gabriel Effendi. — *Recueil d'actes internationaux de l'Empire ottoman.* Paris, 1898.

Baron de TESTA: — *Recueil des traités de la Porte avec les Puissances étrangères.* Paris, 1864-1884.

Documents diplomatiques : Conférence de Lausanne. Paris, Imp. nat.. 1923. 2 vol.

TABLE DES MATIÈRES

DEUXIEME PARTIE

L'Évolution de la Question des Détroits

TROISIEME PARTIE

La Solution actuelle de la Question des Détroits

Imp. du Montparnasse
et de Persan-Beaumont
47, rue de la Gaîté, 47
-:- PARIS XIVe -:-

www.ingramcontent.com/pod-product-compliance
Ingram Content Group UK Ltd.
Pitfield, Milton Keynes, MK11 3LW, UK
UKHW020245180726
13839UKWH00001B/186